Tucholsky Wagner Zola Scott Sydow Freud Schlegel
Turgenev Wallace Fonatne
Twain Walther von der Vogelweide Fouqué Friedrich II. von Preußen
Weber Freiligrath Frey
Fechner Weiße Rose von Fallersleben Kant Ernst Frommel
Fichte Richthofen
Engels Fielding Hölderlin
Fehrs Faber Flaubert Eichendorff Tacitus Dumas
Eliasberg Ebner Eschenbach
Feuerbach Maximilian I. von Habsburg Fock Zweig Vergil
Ewald Eliot
Goethe Elisabeth von Österreich London
Mendelssohn Balzac Shakespeare Dostojewski Ganghofer
Lichtenberg Rathenau Doyle Gjellerup
Trackl Stevenson Hambruch
Mommsen Tolstoi Lenz Droste-Hülshoff
Thoma Hanrieder
Dach von Arnim Hägele Hauff Humboldt
Verne
Reuter Rousseau Hagen Hauptmann Gautier
Karrillon Garschin
Defoe Baudelaire
Damaschke Hebbel
Descartes
Hegel Kussmaul Herder
Wolfram von Eschenbach Dickens Schopenhauer
Darwin Grimm Jerome Rilke George
Bronner Melville Bebel
Campe Horváth Aristoteles Proust
Bismarck Vigny Barlach Voltaire Federer Herodot
Gengenbach Heine
Storm Casanova Tersteegen Grillparzer Georgy
Chamberlain Lessing Langbein Gilm Gryphius
Brentano Lafontaine
Strachwitz Claudius Schiller Kralik Iffland Sokrates
Schilling
Katharina II. von Rußland Bellamy Raabe Gibbon Tschechow
Gerstäcker
Löns Hesse Hoffmann Gogol Wilde Vulpius
Gleim
Luther Heym Hofmannsthal Morgenstern
Klee Hölty Goedicke
Roth Heyse Klopstock Kleist
Puschkin Homer
Luxemburg Mörike Musil
La Roche Horaz
Machiavelli Kierkegaard Kraft Kraus
Navarra Aurel Musset
Nestroy Marie de France Lamprecht Kind Kirchhoff Hugo Moltke
Laotse Ipsen Liebknecht
Nietzsche Nansen
Marx Ringelnatz
von Ossietzky Lassalle Gorki Klett Leibniz
May vom Stein Lawrence Irving
Petalozzi Knigge
Platon Kafka
Sachs Pückler Michelangelo Kock
Poe Liebermann
de Sade Praetorius Mistral Zetkin Korolenko

Der Verlag tredition aus Hamburg veröffentlicht in der Reihe **TREDITION CLASSICS** Werke aus mehr als zwei Jahrtausenden. Diese waren zu einem Großteil vergriffen oder nur noch antiquarisch erhältlich.

Symbolfigur für **TREDITION CLASSICS** ist Johannes Gutenberg (1400 — 1468), der Erfinder des Buchdrucks mit Metalllettern und der Druckerpresse.

Mit der Buchreihe **TREDITION CLASSICS** verfolgt tredition das Ziel, tausende Klassiker der Weltliteratur verschiedener Sprachen wieder als gedruckte Bücher aufzulegen – und das weltweit!

Die Buchreihe dient zur Bewahrung der Literatur und Förderung der Kultur. Sie trägt so dazu bei, dass viele tausend Werke nicht in Vergessenheit geraten.

Eiszeit und Klimawechsel

Wilhelm Bölsche

Impressum

Autor: Wilhelm Bölsche
Umschlagkonzept: toepferschumann, Berlin

Verlag: tredition GmbH, Hamburg
ISBN: 978-3-8495-2930-7
Printed in Germany

Wilhelm Bölsche

Eiszeit und Klimawechsel

Einundzwanzigste Auflage
Stuttgart

Kosmos, Gesellschaft der Naturfreunde
Geschäftsstelle: Franckh'sche Verlagshandlung
1922
Alle Rechte, besonders das Übersetzungsrecht, vorbehalten.

Eiszeit und Klimawechsel

Von

Wilhelm Bölsche

Einundzwanzigste Auflage

Stuttgart
Kosmos, Gesellschaft der Naturfreunde
Geschäftsstelle: Franckh'sche Verlagshandlung
1922

Eiszeit und Klimawechsel

Der Wanderer im Riesengebirge, der auf einem früher fast un-gangbaren, neuerlich etwas gebesserten Pfade von der sogenannten großen in die kleine Schneegrube klettert, sieht sich vor dem be-deutsamsten Landschaftsbild.

Tief herabschleifende und schattende Wolken, eine im Riß auf-tauchende unermeßliche Fernsicht sonnenbeglänzter Talweiten, das bezeichnende Knieholz (Legföhren), das sich wie ein tiefgrünes Riesenmoos zwischen die grauen Verwitterungsscherben des Ge-steins schmiegt, erwecken den unzweideutigen Eindruck großer Höhe. Wo der zerfressene Granitgrat sich in die kleine Grube senkt, erscheint in dieser eine liebliche Alpental-Matte, je nach der Jahres-zeit mit violettbraunem Türkenbund, rosig angehauchtem weißem Berghähnlein (Narzissenanemone) und den hohen Stauden tief-blauen Eisenhuts und Enzians in dichtem Pflanzenfilz über mur-melnden Wassern. Unwillkürlich sucht der Blick im tiefsten Grunde der Matte den Gletscher, der aber fehlt.

Um so deutlicher prägen die Spuren sich aus, daß er einmal da war. Man glaubt noch zu erkennen, wo er zuletzt, den großen Gru-benkessel ausräumend, geruht hat, – sieht niederschauend vor den ersten dickpelzigen Gebirgsfichten unten den gewaltigen Schutt-ring, den er schmelzend, ersterbend, zurückweichend als Seiten- und Stirnmoräne aus dem Gestein, das ursprünglich in sein krie-chendes Eis eingebacken war, gehäuft. Ein kleiner Schneefleck zeigt sich öfter auch sommerlich noch am innersten Grubenhang erhal-ten, – offenbar mangelte sehr wenig, den Eisriesen selber wieder aufzuerwecken. Hier, wo die Volkssage Rübezahl umgehen läßt, scheint auch sein Gespenst noch greifbar zu spuken.

Aber am Knieholzpfad zwischen den Granitscherben fesselt ein kleines Pflänzchen, das, bescheiden an den Boden geschmiegt, mit rötlichen, nach Vanille duftenden Glöckchen nickt. Es ist die vielbe-sagte Linnaea borealis, und sie ist in der Tat ein noch lebender Zeitgenosse des alten Gletschers selbst. Mit einer weißen Stein-brechart auf dem Basaltgang der andern Grubenseite, der dem Bo-taniker noch köstlicheren Saxifraga nivalis, und ein paar ähnlichen Seltenheiten ist sie noch zugehörig zu der wirklichen Hochalpenwelt, die vormals hier bestand. Die eigentliche Heimat dieser Irrgäste, im Geiste weithin über die ganze deutsche Tiefebene da unten und die Ostsee dazu gesucht, sind Island, Lappland, Norwegen, Schweden, wo einst diese unscheinbare und doch so liebliche Linnaea den Namen des großen Linné selber erhielt. Von dort sind die verscheuchten Polarkinder bis hierher getrieben worden vom unaufhaltsam vorrückenden Eis.

So erzählen sie uns noch, daß damals nicht nur Gletscher hier wie ungeheure Eiszapfen des nie tauenden Firnschnees herabhingen, sondern daß auch jene ganze Meeresfläche und Ebene von Skandinavien bis zum deutschen Sudetenfuß unter einer einzigen unermeßlichen blauen Glasschale von Inlandeis (Binneneis) lag. Als das wieder schwand, sind sie am eigenen Gletscher des Gebirges noch geblieben. Und als auch der endlich schmolz, dauerten sie allein – die Winzigen, Vergessenen neben dem sich weiter wendenden Schritt der Riesenzeit – bis heute. Diese Pflänzchen sind nicht bloß starres Gespenst, die sind noch lebendig zu uns hereinragende Zeugen – – *der Eiszeit.*

Mit einem einzigen Blick glaubt man, an solchem lehrreichen Fleck gelagert, die große Frage dieser »Eiszeit« nicht bloß naturgeschichtlich, sondern auch rein geschichtlich in den Stufen ihres Werdens im Menschengeiste zu überfliegen.

Es sind heute nicht ganz hundert Jahre, daß kein geringerer als Goethe (der bekanntlich auch ein recht tüchtiger Geolog war) die Worte niederschrieb: »Zu dem vielen Eis brauchen wir Kälte. Ich habe eine Vermutung, daß eine Epoche großer Kälte wenigstens über Europa gegangen sei. – Damals gingen die Gletscher des Savoyer Gebirges bis an den (Genfer) See, (wobei) sie die noch bis auf den heutigen Tag auf den Gletschern niedergehenden langen Steinreihen, mit dem Eigennamen Goufferlinien benannt, ebensogut durch das Arve- und Dransetal herunterziehen und die oben sich ablösenden Felsen unabgestumpft und -abgerundet in ihrer natürlichen Schärfe bis an den See bringen konnten, wo sie uns noch heutzutage bei Thonon scharenweise in Verwunderung setzen.«[1] Die

---

[1] Wer näheren Anteil an Goethes Schriften zur Eiszeit nimmt, die in den »Nachgelassenen Werken« von Eckermann nur sehr unvollständig und entstellt mitgeteilt sind, findet sie neugeordnet und erläutert in dem von mir herausgegebenen

denkwürdige Stelle ist datiert vom 5. November 1829, Goethes Gedanken zur Sache gehen aber mindestens um ein Jahrzehnt weiter zurück.

In diesen paar Sätzen ist gleichsam schon die »Urzelle« der ganzen Eiszeitlehre enthalten. An ein paar natürliche Scherben knüpft sie an, ähnlich denen des kleinen Moränenwalles dort, den der sterbende Schneegrubengletscher hinterlassen, wie ein schmelzender Schneemann einen Schmutzfleck hinterläßt. Bloß ein paar größere Scherben noch, einzelne Riesenscherben wie ungeheure Blöcke groß. Solche Scherben lagen rings um die Schweizer Hochalpen zerstreut, vielfach weitab von den heutigen Gletschern. Trotzdem sahen sie mit ihren scharfen Bruchflächen nicht aus, als seien sie vom Wasser verrollt. Eine kühne geologische Idee, die damals umging: die ganzen Alpen seien einer wilden vulkanischen Explosion verdankt, bei der solche Blöcke wie vulkanische Wurfbomben herumgespritzt wären, fand auch nicht jedermanns Beifall. (Goethe nannte sie eine »vermaledeite Polterkammer«.) So kam man auf genau den Gedanken, mit dem Partsch uns viel später hier die Schneegruben enträtselt hat: die Schweizer Gletscher waren einst auch bis dahin gegangen, wo heute die Blöcke liegen. Sie hatten die riesigen verwitternd abgesprengten Felsscherben des Hochgebirges, die oben auf sie gestürzt oder unten von ihrer stets rutschenden Sohle eingeklemmt worden waren, selber damals soweit verschleppt. Größere Gletscher offenbar, als heute, – Ergebnis einer offenbar feuchtkälteren Zeit. Schlichten Schweizer Gemsjägern soll die einfache Logik zuerst gekommen sein, – vielleicht ist sie von ihnen zu den damals noch spärlichen fremden Gebirgskletterern (bei denen auch Goethe war) weitergegeben worden.

Aber solche ungeschlachten Steinkerle lagen, fremd ihrem Ort, auch da unten mitten im norddeutschen Sand bis zur Ostsee herab verstreut, – wer sollte sie dahin gebracht haben? Der Volksscherz läßt sie in einer Nacht vom Teufel verschleppt sein; aber das konnte wohl schon in des Walpurgisdichters Zeiten nicht mehr gut als wissenschaftliche Theorie gelten. Ein märkischer oder mecklenburgischer Geheimvulkanismus, der aus (allerdings vorhandenen) tiefen

---

30. Bande der Heinemannschen Goetheausgabe, erschienen im Bibliographischen Institut zu Leipzig.

Bodenlöchern heraus gewirkt hätte, schien noch weniger rätlich als in den Alpen. Durfte man also annehmen, auch die alten Riesengebirgsgletscher hier wären in jener Kältezeit etwa so riesig gewesen, daß sie bis Fürstenwalde bei Berlin gereicht hätten? Wo doch ein solcher Block lag, der eine der sogenannten Markgrafensteine, aus dessen 1600 Zentner schwerem Teilstück man die 7 m klafternde Granitschale im Berliner Lustgarten gemacht und noch ein paar andere städtische Denkmäler dazu?

Dem Gedanken widersetzte sich schon zu Goethes Tagen entschieden eins. Das Gestein dieser norddeutschen Irr- oder Erratischen Blöcke entsprach nicht unsern deutschen Gebirgen hier, wohl aber wie ein abgebrochener Henkel seiner Tasse denen des fernen Skandinavien. Hätten also schwedische und norwegische Gletscher über die ganze Ostsee fort bis Berlin gereicht? Vor dieser Kühnheit staute sich noch einmal die Theorie, hören wir abermals dazu Goethe selbst, der auch hier an der Spitze marschierte. »Bergrat Voigt zu Ilmenau, – als wir uns lange über die wunderbaren Erscheinungen der Blöcke über Thüringen und über die ganze nördliche Welt ausgebreitet öfter besprachen und wie angehende Studierende das Problem nicht loswerden konnten, geriet auf den Gedanken, diese Blöcke durch große Eistafeln herantragen zu lassen; denn da es unleugbar schien, daß zu gewissen Urzeiten die Ostsee bis ans sächsische Erzgebirge und an den Harz herangegangen sei, so dürfte man natürlich finden, daß bei laueren Frühlingstagen im Süden die großen Eistafeln aus Norden herangeschwommen seien und die großen Urgebirgsblöcke, wie sie unterwegs an hereinstürzenden Felswänden, Meerengen und Inselgruppen aufgeladen, hierher abgesetzt hätten. Wir bildeten mehr oder weniger dieses Phänomen in der Einbildungskraft aus, ließen uns die Hypothese eine Zeitlang gefallen, dann scherzten wir darüber; Voigt aber konnte von seinem Ernst nicht lassen.« Voigt ist schon 1821 gestorben, die Gespräche müssen also weiter zurückliegen. Jedenfalls hat aber auch Goethe die Sache später nicht immer bloß scherzhaft genommen. Und in den 30er Jahren hat der Engländer Lyell sie als eigene sogenannte Drift-(Treibeis)Theorie so nachhaltig in die Fachgeologie eingeführt, daß sie fast ein halbes Jahrhundert dort herrschend bleiben sollte. Aber die wahren Wunder der Eiszeit waren doch noch größer als selbst diese Theorie.

Wenn Gletscher sich langsam dahinschieben (und immer schieben sie sich so, oben belastet vom neu vereisenden Firnschnee, unten abschmelzend wie eine zähflüssige Riesenträne), so schreiben sie auf ihre Unterlage eine seltsame Hieroglyphenschrift. Die eingebackenen Steinscherben ihrer Sohle polieren und schrammen wie Nägel eines groben Bergschuhs den darunterliegenden Fels. Es hat lange gedauert, bis man auch dieser Naturschrift Herr wurde, wie der Geschichtsforscher mühsam erst Keilschrift und echte Hieroglyphen entziffern gelernt hat. Wer sie aber durchschaut hat, der weiß, daß, wo ehemals ein Gletscher gekrochen ist, man an dieser geheimen Radierung und Krakelschrift sein Dasein noch ablesen kann, auch wenn er längst dahingeschwunden, – genau so, wie wir die Taten der alten assyrischen und ägyptischen Könige noch lesen, Jahrtausende, nachdem sie mit ihrer ganzen Generation vergangen. Und es geschah im Jahre 1875 (Goethe ruhte allerdings jetzt längst in seiner Fürstengruft), daß ein Schwede, Torell, eine solche Hieroglyphenschrift auch mitten in der Mark entdeckte. Rüdersdorf heißt der Ort. Nahe dem blauen Müggelsee, vom hohen Turm sieht man noch den Rauch von Berlin. Muschelkalkfels stößt als willkommener Baustein hier inselhaft aus dem unendlichen Sandmeer der Reichsstreusandbüchse. Auf der empfindlichen Haut dieses alten Kalksteins aber fand jener Schwede damals bei flüchtigem Besuch die Hieroglyphe des Gletschers, hier waren nicht Eisberge oder Eisschollen hoch hinweg gefahren, sondern der alte Gletscher selbst hatte in fester Fron auf den Schichtenköpfen des noch älteren Bodengesteins gelastet, es bald streichelnd und polierend, bald kratzend, wie das auch bei menschlicher Fron wohl üblich ist. Heute steht ein Gedenkstein, selber ein schwedischer Findling, in der Nähe der ewig bedeutsamen Stelle, nachdem der rastlos weiterschreitende Bergwerksbau die eigentliche Urkunde längst getilgt. Als am Abend jenes Tages aber Torell in der Sitzung der Deutschen Geologischen Gesellschaft zu Berlin seinen Bericht erstattete, da starb die Drifttheorie nach vieljährigen treu geleisteten Diensten. Und es entstand dafür jetzt wirklich jener kolossale Gedanke des europäischen Binneneises, das von Skandinavien mit einheitlicher Gletschertatze bis in die Mark und noch weiter gelangt. Das ganz gewaltige Bild der »Eiszeit« stieg auf, noch unverhältnismäßig größer, als es Goethe geahnt.

Wie Grönland bis auf ein paar kleine Felsspitzen (Nunataker nennen sie's im Lande) untergegangen, versunken ist in einer einheitlichen Eismasse, so damals Skandinavien. Und dieses Eis dachte sich von der ungeheuren skandinavischen Hochburg schräg herunter wirklich über den Platz der heutigen Ostsee hinweg, in die Nordsee hinaus, über Kola ins nördliche Eismeer hinüber. Es floß (mit jenem gespenstisch starren Fließen des Gletschers) über Finnland in die wehrlos platten Ebenen Rußlands ein zum Ural, in lang ausgreifenden Pranken zur Wolga bei Nischninowgorod, südlich von Moskau bei Tula zum Don, bei Kiew zum Dnjepr; die heute berühmt gewordenen Rokitnosümpfe lagen an seiner Bahn, die vielbesprochenen Lysa-Gora-Höhen bildeten einen solchen Nunatak in ihm. Nachdem ganz Norddeutschland verschlungen war, erschien die Eiswelle im Oderquellgebiet. Hier unten quoll sie in den Hirschberger Kessel; noch heute schneidet die jedem Sommergast vertraute Krummhübeler Lomnitz dort eine Grundmoräne von abgesenktem heimischem Riesengebirgsschotter und skandinavischen Wanderscherben an. Sie erstarrte vor dem Gebirgssaum, schritt über Dresden, am Thüringer Wald entlang, begrub den späteren Sitz Goethes, bog vom Harz zum Rheinischen Schiefergebirge ab, um über die Rheinmündung die Themse zu erreichen, bis das schottische Eis mit dem skandinavischen zusammenschlug. Sechs Millionen Quadratkilometer blauen Gletschereises (falls man solches Eismeer, das an seiner Ausgangsstelle nicht mehr zwischen Gebirgen lagerte, sondern über sie hinwegging, noch als Gletscher bezeichnen will) schoben sich so über Europa, – im nordischen First sicher ein paar tausend Meter dick. Man erschauert, wenn man sich denkt, wie diese blinkende Mauer auftauchte. Nichts Lebendiges blieb, wo sie hinschritt, schon vor ihrem nahenden Eishauch verkümmerte weithin die blühende Vegetation zur armseligen Moossteppe (Tundra). Kein Traum eines Tamerlan mit seinen Siegessäulen aus Menschenknochen kommt gegen die Schrecken dieser Welteroberung auf ...

Schweizer Forscher (Venetz, Charpentier, vor allem ein vielbefehdeter, übertrieben gefeierter, aber auf jeden Fall bedeutender Mann, Louis Agassiz) hatten inzwischen dem alten Gedanken Goethes von der »Epoche großer Kälte« eine immer handgreiflichere Gestalt gegeben, – Schimper das unmittelbare Wort Eiszeit (zuerst in einem Gedicht 1837!) geschaffen. Man hatte ihren Ort in der Reihenfolge der geologischen Zeitabschnitte ungefähr bestimmt: nicht mehr in den alten Sauriertagen, sondern verhältnismäßig jung, im sogenannten Diluvium.[2] Wenn man von dem Abschluß der sogenannten Tertiärzeit bis an die ersten Nebel überlieferter Geschichte versuchsweise einmal noch eine halbe Million Jahre rechnete, so ging dahinein auch noch dieses ganze aufregende Ereignis. Wie sich neuerlich herausgestellt hat, ist der Mensch (mit vorgeschichtlicher Kultur) noch Zeuge seines gesamten Verlaufs gewesen, wenn er's auch in keiner Chronik eingezeichnet hat. Eine hochpolare Tier- und Pflanzenwelt begleitete neben ihm die Eisränder, Beweis, daß wirklich grönländische Verhältnisse bei uns eingekehrt waren. Die dick bepelzten Mammutelefanten und Schneenashörner haben sich daraus am stärksten eingeprägt. Eigentlich beweisender sind aber noch die mustergültig arktischen kleinen Pflänzchen, wie Zwergbirke, Polarweide, Silberwurz, aus deren Reihe auch das verschlagene Volk der Schneegruben hier stammt.

Aber die ganze Gewalt des Vorgangs sah man doch erst, als man sich an jenes ungeheure europäische Binneneis gewöhnen mußte. Es war nur noch wie eine Ergänzung, daß auch Nordamerika in anscheinend gleicher Zeit eine entsprechende und sogar noch größere (südlich bis in Breiten, wo bei uns Sizilien liegt, vorgerückte) Eisdecke getragen hatte, – während allerdings eine dritte erwartete Vereisung auf dem asiatischen Sibirien sich nicht zeigen wollte. Immer-

---

[2] Um es kurz hier noch einmal zu vergegenwärtigen: wir heute leben nach der Einteilung des Geologen im Zeitalter des Alluviums, voraus geht das Diluvium (oder die Diluvialzeit) und dem wieder das Tertiär oder die Tertiärzeit. Die Tertiärzeit teilt man (auf das Diluvium zu ansteigend) in Eozän, Oligozän, Miozän und Pliozän. Nochmals früher liegt die Kreide (Kreidezeit), der Jura (Jurazeit) und die Trias (Triaszeit). Diese drei bilden das Mittelalter der Erdgeschichte. Dem Mittelalter geht auch hier voraus das Altertum. Am nächsten zur Triaszeit gehört dazu noch die Permzeit oder das Perm, älter ist die Steinkohlenzeit (auch die karbonische Zeit oder Karbon genannt), ganz grau und alt Devon und Silur, sowie auf der Grenze äußerster Lebensüberlieferung das Kambrium (kambrische Zeit) mit der Vorstufe des Algonkiums. Dahinter liegen die ganz dunkeln, für unsere Kenntnis fast noch »mythischen« Zeiträume der Urmeere unbekannten Lebens, der ersten Erstarrungskruste der Erde und des nur vermuteten glühenden Anfangszustandes dieser Erde, in dem sie vielleicht noch sonnenhaft leuchtete.

hin müßte die Erdkugel bei der nötigen Schiefsicht damals von fern bereits einen argen Eindruck beginnender Ganzvereisung gemacht haben. Während gleichzeitig die Einzelspuren oder mit unserem Bilde Hieroglyphen, nachdem man sie einmal lesen gelernt, sich auch im engeren immer unzweideutiger aufdrängten.

Skandinavien, auf dessen wohl höheren Gebirgen sich in der Fülle der Zeit das einzigartige Schauspiel vollzogen vom Zusammenwachsen der Firnschneefelder mit den Gletschern selbst, war allenthalben abgehobelt wie durch einen dämonischen Kunstschreiner des alten Asengeschlechts. Wenn man seine Fjorde als heute ins Meer versenkte alte Gletschertäler faßte, so glaubte man noch jetzt seine Urvergletscherung geradezu von der Karte ablesen zu können. Bei uns in Deutschland aber waren die großen Irrblöcke von da drüben nur die Rosinen eines feineren Teigs, der als sogen. Geschiebelehm überall noch ausgewalzt lag, soweit das Eisungetüm sein Lager gehabt. Wie seine letzten derberen Auswürfe bezeichneten Endmoränenringe stationenweise die äußerste Statt des Unholds. Die weiche Kreide der heutigen Ostseekante hatte er sich sielend geknetet und in anhaftenden ganzen Platten verschleppt. Seine jahrtausendelang abrinnenden Tropfen hatten jene tiefen Löcher (Gletschermühlen, Pfuhle, Sölle) in den Boden gebohrt, an die sich in der Jugend der Deutung einmal die Sage von norddeutschem Vulkanismus geknüpft. Unter seinem Eisbauch selber hatten sich Rippelungen in Gestalt fächerförmiger Hügelreihen und in der eigenen Kriechrichtung gehender Wälle (sogenannte Drumlins und Osar) gebildet. Unendliche Sande waren von seinen abgehenden Schmelzwassern weit vor die Grenzwälle seines eigentlichen Bettes verschwemmt worden. Wo er zwischen sich und dem Gebirge diese Wasser gestaut und zugleich die zur Ebene strebenden deutschen Ströme eingeengt, waren endlose Zeiten die gelben Schmutzfluten an ihm entlang gewirbelt, einem fernen Nordseeausschlupf zu: so hatten sich jene ungeheuren versandeten »Urstromtäler« gestaltet, wie sie heute noch der entschwundenen Eiskante getreu von der Weichsel zur Elbe ziehen, von Pygmäenflüßchen der Epigonenzeit wie der »Maus im Käfig des Löwen« (Ausspruch von Berendt) bewohnt. Bild um Bild, die doch alle nur das eine größte vertiefen konnten, wie es sich in jener entscheidenden Stunde blitzhaft vor Augen gestellt.

Die fortschreitende Geschichte menschlicher Wissenschaft möchte man aber bezeichnen als eine immer weiter hinausgeschobene Ursachenfrage. Goethe zu seiner Seit genügte es noch, daß eine »Epoche großer Kälte« die Ursache der Irrblöcke war. Seither ist immer lebhafter gefragt worden, was die Ursache der großen Kälte selbst gewesen sein könnte. Ja, diese Frage erfreut sich sogar weit über die Fachgelehrsamkeit hinaus heute einer gewissen Volkstümlichkeit. Nicht nur gibt es eine ganze Bibliothek wissenschaftlicher Bücher darüber, sondern es arbeitet auch beständig eine Menge mehr oder minder berufener freiwilliger Helfer aus weitesten Volkskreisen daran mit. Wer Gelegenheit hatte, selbst irgend etwas über die Eiszeittatsachen zu veröffentlichen, der hat das wohl mit einigem Schrecken erfahren: ungezählte Manuskripte in bedenklich umfangreichen Postpaketen mit und ohne Rückporto pflegen sich bei ihm zu versammeln, deren Sender alle verkünden: Auch ich ein Maler, – auch ich habe eine Lösung der Eiszeit gefunden. Einerseits lockt dazu, daß die strenge Forschung selbst bekennen muß, zu einem so auffälligen, ja einzigartigen Ereignis der Naturgeschichte immer noch keinen *sicheren* Grund zu wissen. Lesen wir doch in dem angesehensten und jedenfalls dicksten deutschen Sammelwerk von heute darüber, der ausgezeichneten Lethaea geognostica, von Geinitz' Hand den Satz in Sperrdruck: » *Man kennt die Ursachen der Eiszeit nicht.*« Andererseits berührt das Problem die Wetterfrage, die seit alters eine Volksfrage ersten Ranges gewesen ist. Das Wetter ist dem Landmann zu seinem Wohl und Weh eine hervorragend praktische Sache. Immer wieder halten sich alte Überlieferungen, es sei besser geworden oder es sei schlechter geworden. Es gibt wohl keinen schlichtesten Menschen, der nicht auch nur auf Grund seiner eigenen Lebenserfahrungen einmal versucht hat, in das ewig Wechselnde, Chaotische, Unberechenbare dieses Wetters irgendein Gesetz hineinzudeuten. Nirgendwo haben wir im Alltag so das Gefühl, ständig einer großen Lotterie ausgeliefert zu sein, und so sehr den Wunsch zugleich, irgendeine Rechnung zu ergrübeln, mit der man sicher die Bank sprengen könnte. In der Eiszeit aber scheinen sich gleichsam alle Wunder dieses Wetters zu vereinigen. Etwas wie eine uralte Volksangst unserer Ahnen scheint darin aufzuleben: vom Weltwinter, der alles vernichtete. Zugleich meint man, wer ihr

Geheimnis löste, müßte auch den Wetterzauber von heute in Händen haben.

Nun ist solches Mitdenken im weiten Kreise an sich keineswegs zu verachten. Man soll sich immer freuen, wenn der Sinn für eine naturwissenschaftliche Frage im Volke geweckt ist. Schließlich fällt der geniale Gedankenblitz wirklich oft wahllos, der Laie kann auf das Ei des Kolumbus kommen, zumal wenn, wie hier, die strenge Forschung auch einstweilen nichts als mehr oder minder unbewiesene Vermutungen hat. Was aber zu jeder, ob nun wissenschaftlichen oder freien Mitarbeit als unumgängliche Voraussetzung nötig ist, wenn auch nur der kleinste wahre Fortschritt erzielt werden soll, das ist zweierlei.

Zunächst darf nicht ins Blaue dabei »erfunden« werden. Jede vernünftige Erklärung auf solchem naturgeschichtlichen Gebiet hat heute ihre gewisse Methode, die geachtet sein will. Etwas auf eine Ursache zurückzuführen, heißt zunächst, es an etwas *sonst schon Bekanntes* anschließen. Es heißt aber nicht, zu dem einen Unbekannten ein neues Unbekanntes als Ursache »erfinden«. Also, um ein drastisches Beispiel zu nehmen, es ist keine Erklärung, wenn ich etwa sagen würde: die Eiszeit entstand, weil damals die Vulkane der Erde plötzlich angefangen hatten, statt glühender Lava Eis zu speien. Oder: sie mußte kommen, weil ein Komet die Erde streifte, der Kälte aushauchte, von solchen Eisvulkanen wissen wir so wenig etwas, wie von solchen Kältekometen, in den gangbaren Gebrauch der Wörter »Vulkan« und »Komet« wird hier rein zum Zweck etwas hineinphantasiert, und die Benutzung der Wörter ist dann bloß ein Scheinspiel, das den Hörer betrügt. Die Beispiele wirken kraß, und doch sind eine Masse von Eiszeitdeutungen aus Laienkreisen und selbst manche oberflächlich wissenschaftlichen damit durchaus in ihrem Unwert bezeichnet.

vie zweite Bedingung ist dann, daß, wer sich an die Frage ernstlich heranmacht, eine Reihe Nebenfragen kennt, die bei heutigem Stande unserer Kenntnis untrennbar damit verknüpft sind. Weiß er bloß im Sinne Goethes, daß zur Erklärung der eben kurz gekennzeichneten diluvialen Tatsachen eine »Epoche großer Kälte« angenommen wird, so ist er heute doch noch nicht reif zum Weiterraten. Denn es haben sich dem einen Rätsel seither eine bestimmte Anzahl anderer angegliedert, die, an sich erst recht interessant, doch auf alle Fälle mitgelöst, also vorweg mitgekannt sein wollen. Ich bezeichne hier kurz ein paar auch dieser Hauptpunkte, die Goethe selbst noch nicht wissen konnte, die aber gerade den Reichtum andeuten, zu dem die ständig weiter schürfende Wissenschaft heute auch auf diesem Gebiete gelangt ist.

Als Goethe von seiner »Epoche großer Kälte« sprach, schwebte ihm zweifellos ein recht tüchtiges Maß Kälte vor. Wer sollte es nicht erwarten, wenn er die Alpengletscher bis in den Genfer- und Bodensee und schwedisches Eis bis ins Hirschberger Tal denkt. Agassiz, der als bibelgläubiger Mann immer eine Neigung spürte, in der Eiszeit eine Unterlage der weltumstürzenden Sintflut zu entdecken, hätte gern die ganze Erde unter furchtbarsten Minusgraden erfrieren lassen. Ein nüchterner Kopf wie Neumayr hat dagegen nachgerechnet, daß man schon mit einem Temperatursturz von bloß 5 – 6° C im Durchschnitt weniger als heute alle wirklich sicheren Erscheinungen der Eiszeit in Europa auslösen könnte. Die Schweizer Schneegrenze würde sich um mehr als 1000 m tiefer legen, und die heutigen Alpengletscher müßten bis Lyon und Ulm rücken, während am Titisee im Schwarzwald und hier aus den Schneegruben Gletscher flössen. Mehr als diese im Höchstmaß 6° abwärts brauchte also keine Theorie zu erklären, während man freilich zugleich sieht, wieviel schon solche paar Grad gegen unser so viel verlästertes gegenwärtiges Klima bedeuteten.

Aber nicht einmal dieser Tiefstand soll während der *ganzen* Eiszeit angedauert haben. Als in der sogenannten Höttinger Breccie, einem alten verkitteten Bachschutt bei Innsbruck, zwischen zwei abgelegten Schotterhäuten des Eisriesen eine Einlage mit noch erkennbaren Resten pontischer Azaleen und des italischen Erdbeerbaumes (Arbutus), den Horaz besingt und der ganz gewiß nicht nach Eiszeit ausschaut, gefunden wurde, kam zuerst die Lehre von den »Interglazialzeiten« auf, – wärmeren Schaltzeiten, die sich mehrfach noch in die eigentliche Kälteepoche hineingeschoben hätten, über diese weniger gestrengen Zwischenlagen gehen ja die Meinungen der Sachkenner heute noch ziemlich weit auseinander. Die einen rechnen mindestens drei solcher Schaltkapitel, womit wir folgerichtig eigentlich vier getrennte diluviale Eiszeiten hätten statt einer. Das Schulverslein gleichsam, das Penck und Brückner nach

Flüssen des bayrischen Alpenvorlandes dafür geschaffen, zählt sie als Günz-, Mindel-, Riß-, Würm-Eiszeit her, wobei je eine günzmindelische, mindelrißliche und rißwürmliche Wärmepause den Einschlag gebildet hätten; die Rißkälte soll die schlimmste gewesen sein. Wer ganz kühn ist, läßt in den Interglazialzeiten überhaupt alle Schrecknis wieder heruntertauen, Binneneis und Riesengletscher schwinden, so daß wirklich jede neue Eiszeit wie ein neues Wunder vom Himmel gefallen wäre. Nun ist kein Zweifel, daß es in den Randgebieten des großen Eises überall so aussieht, als hätten gewisse Pausen tatsächlich in das Hauptdrama irgendwie hineingespielt. In Spanien und Frankreich, wo niemals Binneneis gelegen hat, aber auch am deutschen Südrand glaubt man eine ältere, wärmeliebere, fast noch afrikanisch anmutende Tierwelt jedesmal wieder einziehen zu sehen wie auf der Spur eines milderen Frühlingslüfterls, das plötzlich dem vernichtenden Eishauch für ein Weilchen entgegenarbeitete. Und gleichzeitig scheinen im Alpengebiet die Gletscher ähnlich den Schnecken in ihre Häuser zurückgekrochen zu sein wie unter einem geheimnisvollen klimatischen Gegenbefehl. Auch die Spuren trockener Steppenzeiten schalten sich recht verwunderlich in das Diluvium ein, deren Stürme in den Randzonen unendlichen gelben Staub (sogen. Löß) gehäuft und die man schwer anders unterzubringen weiß, als eben auch in solcher wärmeren Interglazialstimmung. Aber die Zweifler von der andern Partei meinen, daß es sich bei alledem mehr oder weniger nur um eine Randerscheinung gehandelt habe, bei der das Haupteis nicht rückte noch regte. Solche Südgärtlein zwischen dem Eis wie das Idyll der Höttinger Breccie könnten nach ihnen den wunderbaren »Eiswäldern« Alaskas entsprochen haben, wo heute noch in der Tat große Fichten-, Birken- und Ahorn-Urwälder samt ihrem Unterholz und Heidelbeergestrüpp nur durch eine dünne Isolierschicht erdreichen Moränenschutts getrennt unmittelbar auf dem kriechenden Gletscher wachsen. Die Sache ist noch im Fluß. Inzwischen muß aber, wenn auch nur die Freunde der zeitweise größeren Randwärme recht behalten sollen, *irgend* etwas da doch in die Eiszeit im Ganzen hineingewirkt haben, das zeitweise *etwas* am Thermometer rückte, – und auch diese Interglazialfrage muß die Erklärung also miterklären.

Ein dritter Punkt betrifft dann, wie sich auch während der schlimmsten Eiszeit im Norden die übrige Erde verhalten habe. Als weiland Herr Agassiz das Eiszeitthermometer seiner Schweiz gar nicht grauenhaft tief genug sehen konnte, da erwartete er bestimmt, daß auch in den tropischen Urwäldern am Orinoko zuletzt noch Kritzelhieroglyphen und Geschiebelehm auftauchen müßten. Davon kann nun in der Weise heute wieder keine Rede sein. Aber was man allmählich auch dazu wirklich gefunden hat, das waren starke Vergletscherungs-, d.h. Gletschervergrößerungsanzeichen für die Diluvialzeit auch gewisser Gebiete der Südhalbkugel. Auch die Alpen Neuseelands hatten zu irgendeiner Stunde damals stärkere Gletscher, die Berge Australiens, das südamerikanische Feuerland, das antarktische Kerguelenland tragen deutlich lesbare diluviale Eishieroglyphen. Sollte das genau gleichzeitig mit dem Nordeis gewesen sein, so würde es besagen, daß die Eiszeit »bipolar« war, das heißt, daß ihr Klimasturz über beide Erdpole zugleich ging. Oder, was auf die wichtigste Folge hinausläuft: daß eine gewisse Abkühlung damals um die ganze Erde schritt, wenn sie auch natürlich mit ihren paar Grad Kältesturz nicht gleich den Äquator mitvereisen konnte. Immerhin meint man neuerlich auch bis in diese Äquatorialländer doch etwas verfolgen zu können wie eine gleichzeitige starke »Pluvialzeit«, also eine extrem nasse Regenperiode, die man an alten Flußläufen der Sahara, höherem Nilstand und viel üppigerer Seenfüllung im äquatorialen Afrika wie an einem geologischen Pegel ablesen will. Und die erfolgreichen tropischen Hochalpenfahrten Hans Meyers von Leipzig, der uns zuerst den Kilimandscharo bestiegen hat und am Chimborasso und Kotopaxi viel weiter geklettert ist als selbst Humboldt, haben auch an diesen tropischen Schneeriesen allenthalben jetzt verlassenen Moränenschutt erwiesen, der auf eine niedrigere Schneegrenze und also größere Gletscher der Diluvialzeit gedeutet worden ist. Auch das muß der Eiszeitenträtseler also als möglich aufnehmen, wenn es auch dazu nicht an Gegnern fehlt. Sie fragen, warum nicht bei richtig bipolarem Verlauf das südliche Landeis noch viel weiter ging, z.B. in Südamerika entsprechend über ganz Argentinien, Paraguay und Bolivien floß, oder ob jene Gletscherschwankungen am Kilimandscharo nicht bloß Lokalerscheinungen unter örtlichen kleinen Temperaturperioden, die bis heute dauern, sein könnten usw. Wobei aber gerade solche Lokalgründe, etwa andersartige Land- und Wasserverteilung, auch wieder das Eiszeitbild der Südkugel schon damals von dem unserer Nordhalbkugel verschieden gestaltet haben könnten auch bei echt bipolarem Verlauf. Man bleibt auch hier in Debatten, aber berücksichtigt müssen diese Fragen werden, ob so, ob so.

Nun aber noch zwei ganz große Dinge, zeitlich nicht auf die diluviale Eiszeit selber fallend, aber schlechterdings nicht mehr von ihr zu trennen, seit man sie hat. Goethe waren auch sie noch durchaus fremd, aber wie hätten sie ihn erregen müssen!

Die diluviale Eiszeit war, um immer noch einmal das Leitmotiv anklingen zu lassen, für ihn eine »Epoche großer Kälte«, heute ist's entschieden wieder wärmer bei uns. An sich ist schon das wieder eine recht beherzigenswerte Tatsache: der große Schüttelfrost unseres Planeten ist also doch noch einmal *vorüber*gegangen, wie er, wenn die Interglazialzeiten wirklich bestanden haben, auch in sich selbst bereits fieberfreiere Momente gehabt hätte. Ob unsere Wiedererwärmung in geschichtlicher Zeit noch zugenommen, darüber streitet man sich ja auch wieder. Es wäre ganz gewiß sehr interessant. Aber gerade die besten Kenner schwanken. Afrika und Zentralasien sind auch seit Völkergedenken wohl sicher noch mehr ausgetrocknet, dort klänge also ersichtlich noch jene Pluvialzeit vor uns weiter ab. Dagegen hat sich das früher gerne behauptete klimatische Dürrwerden der Mittelmeerländer wenigstens im größern Umfang nicht als stichhaltig erwiesen; wo es seit dem klassischen Altertum eingetreten sein sollte, hat Verkarstung des Bodens durch leichtfertiges Abholzen der Wälder, Zerstörung alter künstlicher Wasserleitungen und allgemeiner Fluch orientalischer Mißwirtschaft den Löwenanteil gehabt, also Mensch gegen Natur, nicht Natur gegen den Menschen. Wenn es umgekehrt gelegentlich ein Beweis für erneute Temperatur *abnahme* sein sollte, daß vor 800 bis 900 Jahren der Weinbau bei uns noch viel weiter nördlich gegangen wäre, so hat sich freilich auch das als böser Trugschluß herausgestellt, denn nicht Klimawechsel, sondern Wirtschafts- und Kulturgründe (Geschmack an feineren Weinsorten und billigere Transportmittel) haben auch hier die eigene Zucht eingehen lassen. Und eine kleine periodische Wetterschwankung, die anscheinend durch die ganze historische Zeit geht (ich komme unten noch auf sie), darf ebenfalls nicht hierher gezogen werden. Ganz unzweideutig aber jetzt ist wieder der echt geologische Befund: *vor* der Eiszeit war's unvergleichlich viel *wärmer* in großen Gebieten der Erde als heute dort nach ihr.

Vor – oder wenn man von uns aus rückwärts denkt, hinter der Diluvialzeit mit ihrem großen Klimasturz liegt in der Sprache des Geologen die Tertiärzeit. Schon da, wo die Diluvialzeit in diese Tertiärzeit übergeht, also zeitlich einmal wieder schätzungsweise jenseits der letzten halben Million Jahre von uns zurück, merkt man aus allen Anzeichen, wie das Klima sich offenbar wieder hebt. Es geht zunächst mindestens wieder auf den heutigen Stand. Schon dabei wird man aber etwas stutzig, wenn riesige Elefanten damals bei uns lebten, so wird man das noch nicht ohne weiteres auf milderes Wetter deuten, denn kältefeste Elefanten haben auch noch in der Eiszeit selbst bei uns ausgedauert. Aber das Nilpferd schwamm in der Themse, das wir heute in unsern nordischen Tiergärten nur in geheizten Becken über den Winter bekommen. Und sowie wir jetzt noch ein Stück tiefer in die Tertiärzeit selber hineingehen, werden auch die *gesteigerten* Wärmezeichen unzweideutig.

Die Pflanzenwelt, die stets das feinste Thermometer bildet (haben wir doch von den lappländischen Pflänzchen hier am Schneegrubenhang noch die Eiszeit selber abgelesen), wird bei uns in Europa zunächst subtropisch, wie man das nennt, also als rückte der Mittelmeerrand bis zur Ostsee; und dann wird sie in weiten Teilen überhaupt ganz tropisch, als kämen Wendekreis und Gleicher zu uns ins Land. Auf der Höhe der Zeit wachsen in Südfrankreich kolossale Fächerpalmen mit anderthalb Meter langen Blattwedeln neben Drachenbäumen, Pisangs, Kampfer und Zimmet, Aralien, afrikanischen echten Akazien aller Art, der Ceibabaum (Bombax) mit seinen Baumwollfrüchten wird charakteristisch, wie er es heute mit seinen gewaltigen Stammsäulen für die heißesten Tropenwälder Kameruns oder Brasiliens ist. Bei Verona stehen Eukalypten, Sandelholzbäume, Cäsalpinien. Über ganz Deutschland zogen sich die Palmenhaine bis in die Bernsteinwälder jenseits des heutigen Samlandes, Sabal, Phönix, am schönen Rhein sogar Kokos, aus den englischen Küstensümpfen hoben sich die kurzstämmigen Nipas und warfen ihre Schwimmfrüchte ins Brakwasser wie jetzt bei den Tigern und Krokodilen des Gangesdeltas, Pandanus, Bambusrohr, Baumfarne vervollständigten das Bild, und auch über die tropische Tierwelt kann diesmal wohl kein Zweifel sein, wenn man in diesen

Wäldern von bunten Papageien, goldschimmernden mexikanischen Trogons, dem südafrikanischen Kranichgeier (Sekretär), Salanganen (den Schwalben der berühmten »eßbaren« Vogelnester) neben den Tapiren, Zwerghirschen und Okapis des tiefsten Tropendschungels hört. Warm, wie das Land, muß der Ozean der Küste gewesen sein, so daß noch am Nordrand des vergrößerten tertiären Mittelmeers Korallentiere ihre hohen Riffe türmen konnten, deren überlebende Gattungen heute in den Südmeeren eine beständige Wasserwärme von 20° erfordern. Ist die diluviale Eiszeit ein klimatisches Wunder, das nach Erklärung schreit, so wächst uns hier mindestens ein ebenso großes, wenn auch genau entgegengesetztes zu, ohne dessen Berücksichtigung jede Erklärung dort immer nur halb sein kann.

Die tertiäre Wärme, selber einmal fest zugestanden (und das ist sie heute *ohne Widerspruch*), umschließt aber noch ein engeres Problem in sich. Wenn wir im Diluvium grönländische Eisdecken auf mehr als halb Europa und Nordamerika sehen, so werden wir zunächst den Pol selbst für diese Zeit erst recht unter Eis begraben denken. Umgekehrt im Tertiär: wenn hier die Tropen bis zu uns nach Deutschland rückten, werden wir fragen, ob es damals überhaupt einen Eispol gegeben haben könnte. Und in der Tat wissen wir von vereisten Gebieten dieser Zeit nichts, wohl aber sehen wir in den unzweideutigsten Funden eine Pflanzenwelt sich damals selbst bis in hohe arktische Breiten hinaufziehen, die auch dort noch auf eine ganz gewaltig erhöhte Wärme deutet. Der große Schweizer Paläontolog Heer, menschlich eine der liebenswürdigsten Forschergestalten neuerer Zeit, hat seit den 60er Jahren des vorigen Jahrhunderts mit von Fall zu Fall immer verblüffenderen Mitteilungen in diesen Sachverhalt eingeführt.

Kühne Polarforscher, die unter den namenlosen Schauern ihrer Pionierzüge da oben noch Zeit gefunden, vorweltliche Pflanzenabdrücke auf altem Tertiärgestein zu sammeln, versahen ihn mit dem nötigen Material, das unter seiner kundigen Deutung nun zum Ereignis wurde. Am 82.° nördlicher Breite, im nordamerikanischen Grinnelland, äußerster Fleck damals des geographisch Erreichten auf dem Wege zum Pol selbst, mit einem Jahresmittel gegenwärtiger Temperatur von –20° C, zeigten sich alttertiäre Wälder von Taxodium distichum (Sumpfzypressen, heute nur noch in den südlichen Mississippisümpfen heimisch), Pappeln, Linden, Haselnuß,

Schneeball, Fichten, Kiefern, Eiben, die einen See mit wallendem Schilfrohr und Teichrosen etwa wie unsern Friedrichshagener Müggelsee umschlossen. Auf Spitzbergen wuchsen neben Massen von Pappeln großblättrige Eichen und Ahorne, aber auch Walnuß, Platane, Magnolie, Zypresse und der jetzt noch wegen seiner Domturmhöhe berühmte, aber wie ein aussterbender Urrest auf ein paar Haine der kalifornischen Sierra Nevada beschränkte Mammutbaum (Sequoia oder Wellingtonia). Grönland selber hatte beim 70.° den schönen, lichtgrünblättrigen chinesischen Gingko, immergrünen Lorbeer und Weinreben, als bewege man sich zwischen der lieblichen Flora von Montreux. Gewiß: man wandelte hier oben auch damals nicht mehr unter Palmen, aber noch immer nahe der Grenze mindestens der subtropischen Welt. Und damit auch diesmal die Sache »bipolar« aussehe, haben sich seit Heers Tagen entsprechende Waldspuren mit riesigen Zypressenstämmen und Buchenlaub im Bereich des Südpols gefunden.

Auf den ersten Blick sieht auch das alles ja nur wie eine Bestätigung der allgemeinen tertiären Wärme aus. Aber es steckt noch eine besondere »Crux« darin, wie die alten Philologen vor ihren unlösbaren Textstellen sagten. In so hohen Breiten gibt es bekanntlich gar wundersame Beleuchtungsverhältnisse. Eine mehrmonatige Dauernacht beginnt sich wie ein schwarzer Fittich über die verarmte Erde zu breiten. Jene Polarforscher wissen nicht genug davon zu erzählen, wie eigentümlich diese verkehrte Welt auf Menschengemüt und Menschenkraft wirkt. Wie aber sollen immergrüne Waldungen solche Polarfinsternis ausgehalten haben? Mag man die Wärme im ganzen auch dort noch so sehr steigern, so bleibt doch der gewaltige Gegensatz dieser sonnenlosen Dauernacht, in der die Temperatur extrem fallen mußte. Selbst die Tropen, an den Pol versetzt, würden in diesem Sinne nicht mehr Tropen sein. Und der reine Lichtmangel selbst? Man hat an Tropengewächse erinnert, die in dunkeln Treibhäusern überwinterten, oder an die Legföhren und Alpenrosen des Hochgebirgs, die unter ihrem Schnee auch kein Licht erhielten. Aber hier ist das dunkle Treibhaus besonders geheizt oder die Pflanze ohnehin ein wetterhartes Wintergewächs. Auf jeden Fall würde man machtvolle Anpassungswandlungen für da oben erwarten, – während doch die Dinge ganz und gar so erscheinen, als hätten sie sich am wirklichen Müggel- oder Genfer See abgespielt. Die

Biologen haben denn auch immer den Kopf geschüttelt zu diesem halbdunkeln Paradies. Will man ehrlich sein, so muß doch auch hier jede echte Wettertheorie erst etwas Geheimnisvolles entzaubern.

Unterdessen gibt aber selbst die ganze Tertiärfrage nicht den Schluß, – hinter ihr wächst nochmals heute das Unberechenbarste auf. Läge es doch nahe, aus der paradiesischen Erdwärme von dazumal nun auf ähnlichen Stand wenigstens für den weiteren Erdgeschichtsrest zu schließen. Hinter dem Tertiär dehnen sich zeitlich die großen Blütenalter der drachenhaften Saurier, und diese Saurier waren als Reptile nach gangbarem Schluß alle »wechselwarm«, also nur recht munter und lebensfähig, wenn ihnen die Sonne ordentlich aufs Blut brannte. Und in der Tat sehen wir auch in Jura und Kreide zunächst wieder dicke Wälder von Sagopalmen (Zykadeen), die uns heute wie ein Südseeidyll anmuten, bis Grönland und Franz-Joseph-Land wachsen. Ein ganz geringer Zonengegensatz soll sich allmählich zwar geltend gemacht haben, doch würde (abgesehen vom argen Schwanken der Deutungen) das nicht anders sein als im Tertiär, wo auch polar zwar Magnolien, aber doch keine Palmen mehr standen. Jedenfalls schwamm der berühmte Ichthyosaurus zu seiner Zeit ruhig bis nach Spitzbergen, und an allen deutschen Küsten grüßten ihn wieder die bunten Korallenriffe des Heizwassers. Über das noch ältere Klima der Steinkohlenzeit ist dann noch Streit. Früher hielt man's überall für geradezu extrem tropisch bis ins äußerste Sibirien und Nordamerika hinauf. Dann bestritt man das, weil sich Torfmoore (wie man sie für die Steinkohle brauchte) im echten Tropenklima nicht halten sollten. Dann wieder ist auch das widerlegt worden, und heute hält man wenigstens für die Fülle der Zeit ein bei sehr großer Feuchtigkeit gemäßigt warmes Klima für das Wahrscheinlichste. Im ganz alten Silur kommen schließlich nochmals nordische Korallenriffe vor, jetzt sogar auch sie hochpolar, wobei für diese jede dunkle Tiefe scheuenden Pflanzentiere auch die Lichtfrage noch einmal wiederkehrte. Alles gut, aber so leicht stimmt die Rechnung abermals nicht. Die Folgerung wäre, daß alle jene ehrwürdigen Tage bis zum grauesten Lebensbeginn und wohl gar Ur-Sonnenstand der Erde nun gar kein Eis gekannt hätten. Grade das werfen neuere Funde aber erst recht um.

Wenn auf Neuseeland heute mal ein Gletscher bis in den dort noch fast steinkohlenhaften Farnwald langt, so könnte schließlich von sehr hohen Gebirgen aus so etwas ja auch in der echten Steinkohlenzeit gelegentlich geschehen sein. Aber darum allein kann sich's unmöglich handeln bei dem, was zuerst 1856 im südlichen Vorderindien, also ausgespart jetzt in den heutigen wirklichen Tropen, auskam. Dort stießen englische Geologen auf unzweideutige Eisspuren. Auf älterem Gestein lag eine tonig-sandige Schicht, im Innern dicht durchspickt mit für diese Gegend fremden, lose verschleppten Gesteinsscherben von bezeichnender Schrammung, – also die alte Sachlage: Geschiebelehm. Bloß aber, daß dieser Geschiebelehm diesmal nicht diluvial war, sondern selber schon uralt. Er gehörte zu den sogenannten Gondwanaschichten von der Grenze der Steinkohlenzeit und der nächsthöheren Permzeit, dort als Talchirschichten bezeichnet. Als ungefähr 20 Jahre später auch dort die gleiche Entdeckung anschloß, durch die sich Torell in Rüdersdorf berühmt gemacht: Nachweis noch älteren geglätteten Grundgesteins durch die Schleifarbeit des Gletschers selber, der den Geschiebelehm gebracht, blieb kein Zweifel, daß es sich um eine *große Oberflächenvereisung* auch für damals handeln mußte. Und als sich in der Folge noch zwei Tafeln solcher Eisschrift ziemlich weit herum im Lande fanden (eine davon schon fern im Salt Range oder Salzgebirge am oberen Indus), schien erwiesen, daß diese Vereisung zu ihrer Zeit über ganz Vorderindien gegangen, wie die diluviale über Norddeutschland. In besagten Salzbergen mußte sie gegen ein nördlich hier anschließendes Meer abgebrochen sein, noch glaubte man deutlich auf die Erlebnisse einer immer erneut gefrorenen Schlammküste zu sehen, wo die miteingefrorenen Blöcke zu seltsamen spiegelglatten Flächen abgeschliffen worden waren.

Aber wieder: wie die diluviale Vereisung sich nicht auf Europa beschränkt, sondern auch über Nordamerika hatte verfolgen lassen, so sollte es auch diesmal nicht bei Indien bleiben. Ganz die gleiche Lage für gleiche Zeit konnte seit 1870 im südlichsten Afrika nachgewiesen werden, also jenseits jetzt des Äquators nach der andern Seite bis über den Wendekreis hinaus. Dort entsprach die unterste Lage des sogen. Karroogesteins im Kapland genau der indischen Talchirschicht, und auch diese afrikanische Dwykaschicht, wie man sie nach einem Fluß dort nannte, bildete richtiger Geschiebelehm auf abgehobeltem Urland. Ja eine dritte Ecke tauchte im australischen Gebiet auf. Dort hatte das uralte Eis das ganze Südostviertel von der Mitte bis zur Küste von Südaustralien, Viktoria, Neusüdwales und bis nach Tasmanien hinein verhobelt, um schließlich auch an einem geheimnisvollen nordöstlichen Eismeer, in das seine Eisberge schwammen, zu enden. Verknüpfte man diese drei Schauplätze im Geist und sah den Eisblink über das ganze Zwischengebiet schreiten, wo allerdings jetzt der Indische Ozean blaute, so blieb keine Wahl vor dem Ungeheuren: man stand vor einer zweiten, so viel früheren Eiszeit, einer permischen ungefähr.

Die Tatsache solcher schon einmal um 20 und mehr Millionen Jahre der diluvialen voraufgegangenen Ur-Eiszeit, auf die erst noch wieder jene hohe Erdwärme der Sauriertage und des Tertiärs *gefolgt* wäre, hat allerdings zunächst etwas geradezu Niederschmetterndes. Die Widersprüche des Klimas scheinen damit auf dem Gipfel. Ich erinnere mich noch aus kleiner eigener Erfahrung, wie ich vor etwa 20 Jahren gelegentlich in einem Aufsatz dieser Permeiszeit gedachte und darob von einem wissenschaftlichen Kritiker, der noch nicht verfolgt, was da anwuchs, böse angefahren wurde, ich solle doch nicht so offenkundigen Unsinn ans Volk verzapfen. Und doch standen die Grundtatsachen damals schon fest und stehen heute fester als je; jedes Lehrbuch verzeichnet sie. Dabei ist aber schließlich gar nicht so sehr der entlegene Zeitpunkt dieser Voreiszeit das so ganz Merkwürdige geblieben, sondern ihr Ort. Man muß sich zum Verständnis einen Augenblick die Erdkarte jener Steinkohlen- und Permzeit vergegenwärtigen.[3]

Jene drei Ecken: Indien, Kapland und Australien, lagen damals aller Vermutung nach eingegliedert in einen großen Erdteil, den Sueß nach jenen indischen Schichten das Gondwanaland genannt hat. Irgendwie angegliedert war ihm wohl auch Südamerika. So bildete es einen kolossalen südlichen Block, der Jahrmillionenlang halb ringförmig einem entsprechenden nördlichen, in dem Nordosten, Europa und Nordamerika steckten, gegenüberlag, durch einen Meeresgürtel, der in der Fortsetzung unseres Mittelmeers Asien durchquerte, die Tethys, gesondert. Über diese weite südliche Landfläche werden wir uns nun auch jene Eisdecke erstreckt den-

---

[3] Nähere Angaben, die teils hier ergänzen, teils ergänzt werden, findet der Leser in meinen Kosmosbändchen »Festländer und Meere im Wechsel der Zeiten« und »Tierwanderungen in der Urwelt«.

ken müssen, wobei verwunderlicherweise die Richtung der Eishieroglyphen nicht dafür spricht, daß sie sich vom Südpol bis an den Äquator herunterdachte. Die Eisfirst scheint vielmehr stark gegen den Äquator selbst zu gelegen zu haben, so daß das Eis über Südafrika von Norden floß, während es über Indien die Gestade der Tethys und über Australien die des Stillen Ozeans vereiste. Soll die First doch mit dem Südpol in Verbindung gedacht werden, so müßte dieser Pol damals bis über die Mitte des Indischen Ozeans verschoben gewesen sein. Will man aber die Vergletscherung gar bis Südamerika dehnen, wo neuerlich in Brasilien ebenfalls starke Eisspuren entdeckt worden sind, so wäre damals Eis sozusagen als Halbring mit dem Äquator um die Erde geflossen. Unwillkürlich fragt man vor dieser unerhörten Vorstellung, wie denn die gleichzeitigen Dinge im Nordpolargebiet gewesen sein sollten. Nun, von einer allgemeinen Vergletscherung etwa auch bei uns in Europa kann wohl nicht die Rede sein. Immerhin sind im permischen Rotsandstein Westfalens unzweideutige Gletscherspuren örtlich nachgewiesen worden. Sie könnten einem einzelnen vergletscherten Gebirgsgebiet verdankt sein, aber auch dessen Dasein spräche für einen gewissen Klimasturz auch da drüben. Mag in den letzten Punkten noch einiges schwanken: so viel bleibt, daß jede künftige Eiszeittheorie, die nicht sofort totgeboren sein will, auch das Wunder dieser Permeiszeit mitumfassen und deuten muß, mindestens mit ihrer Lage zum Äquator und ihren drei Haupt-Fixpunkten Indien, Südafrika, Australien.

Wobei immerhin auch schon hingewiesen sei auf ein letztes dräuendes Gespenst einer *noch weiter* abliegenden *dritten* Eiszeit in der vollends entlegenen algonkisch-kambrischen Zeit, der man gegenwärtig auf der Spur. Das wäre nochmals eine weite, weite Kette von Jahrmillionen zurück. Abermals müßte das Klima vor der Permeiszeit in den Wärmegraden hoch heraufgegangen sein, um dann (rückwärts geschaut) nochmals in entsetzlichem Fall abzusinken. Wie fern das gewesen wäre, liest man am Lebensbuch der Erde: dort herum beginnt für uns die erste unzerstörte Überlieferung von Leben überhaupt, noch scheint es keine Landpflanzen und Landtiere gegeben zu haben, Morgenrot liegt über allem. Und doch auch da schon, unter diesen, man möchte sagen, auch noch nahezu mythischen Verhältnissen, die geheimnisvoll beredte Gletscherschrift auf

Nordamerika, der Gegend unseres Nordkaps, dem fernen Spitzbergen, der öden Lenamündung in Sibirien, ja im späteren Permgebiet des gleichen Südafrika und Südaustralien selbst, vielleicht sind es mehrere Eiszeiten, nordische, Äquatoriale, die uns da verschwimmen, denn so unfaßbar lang waren jene Urtage, die ein Wort wie algonkisch und kambrisch umgreift, daß vielleicht für ganze Abstände wie permisch zu diluvial darin noch einmal Raum gewesen ist. Jedenfalls aber, wenn sich auch diese Dinge bestätigen, wächst damit die Wahrscheinlichkeit, daß wir es im Ganzen der Erdentwicklung bei diesen Eiszeiten mit periodischen, über ungeheure Abstände hin fortgesetzt wiederkehrenden Erscheinungen zu tun haben – und auch das muß fortan jede Theorie in Rechnung ziehen.

Wir wenden uns zu solchen Theorien jetzt selbst. Denn das ist vollends Grundnotwendigkeit jedes neuen Erklärungsversuchs, daß ein gewisser auserwählter Kreis bester schon vorhandener Deutungen vorher durch und durch gedacht sei, – sei es selbst, daß keine davon schon für endgültig richtig gelten soll. Gedankenschweiß fast ohnegleichen steckt in diesen klassischen Deutungen bisher, und schon um seinetwillen sollen sie uns ehrwürdig sein in der menschlichen Geistesgeschichte. Durch Himmel und Erde ist der Blick geschweift, diese alten Wunder zu deuten, – und zwar war es der Himmel, an dem er zunächst gar lange haften sollte.

Es sind ein paar einfache Bilder, die sich da vor Augen stellen. Einfach und doch von kosmischer Erhabenheit. Im eisig kalten Raum schwebt unsere Erde. Eisig ist dabei nur ein stammelndes Wort. Es handelt sich um Kältegrade, bei denen die Bestandteile unserer Luft gerinnen würden. Die Ziffer wird heute meist nicht fern von dem sogenannten absoluten Nullpunkt, also –273° C, angesetzt. Durch diese Gegenhölle weht der feine kosmische Staub, aus dem sich vielleicht Welten ballen, stürzen die Meteorblöcke, in die vielleicht Welten wieder zerfallen sind. Hindurch äugen wie Blumen des sich erschließenden und wieder abblühenden Weltengartens die blauen, gelben und roten Fixsternsonnen. Aber nur eine davon ist uns so nahe, daß sie uns wirklich vom Bann dieser erbarmungslosen Raumeskälte erlösen kann: unsere eigene Sonne. Schon in Tagen, da man von diesem wahren Sachverhalt nichts ahnte, pries frommer Glaube sie als das Segensauge der Gottheit für uns. Der Landmann dachte dabei an sein Korn, seine Traube, die sie reift. Um aber den ganzen Gegensatz zu empfinden, muß man jene Schilderungen unserer Polarfahrer lesen: wie sie die Monde der Polarnacht hindurch mit ihrem Schiff im Eis eingekeilt saßen, inmitten völliger Verödung des Lebens, bloß gerettet durch die paar Stückchen mitgebrachter Steinkohle (also alter Sonnenwärme der Urwelt selbst, in Stein gebannt), bis endlich das Gestirn wieder aus dem roten Dämmer blickte. Sie haben etwas durchgemacht von einer wirklichen »Eiszeit«. Und so ist es ein nächster Gedanke, auch Sonne und Eiszeit in der Theorie zu verknüpfen. Ob die Sonne damals ihr segnendes Auge für eine Weile geschlossen haben könnte oder doch bloß blinzelte, so daß die Polarwüste mehr Macht gewann?

Es ist aber noch ein anderes da vorweg zu erwägen. Was auch kein alter Sonnenanbeter mit noch so viel Metamorphosen seinen Göttern und Helden ansinnen konnte, das ist uns geläufig: unsere Erdkugel ist in entlegensten Tagen wohl selber einmal eine kleine Sonne gewesen, die sich selbst geleuchtet, sich selbst gewärmt hat. Heute ist der Rest nach gangbarer Meinung in die schaurigen Tiefen unter der Erstarrungsrinde eingemauert. Aber könnte die alte Titanin nicht auch von da drinnen noch lange auf unser Klima eingewirkt haben?

Der Gedanke gipfelt darin, daß wir ehemals noch eine Fußheizung gehabt hätten. So mußte es warm sein bis zum Pol, denn der innere Ofen legte vielleicht noch bis zum Doppelten der Sonnenhilfe zu. Und erst als die Zentralglut sich immer dicker abkapselte, bedeckten sich die Pole mit Schnee, die Eiszeit kam und wird immer furchtbarer wiederkehren. Die Theorie ist eine der ältesten, scheint noch immer die einfachste und ist doch am leichtesten zu widerlegen.

Sie erklärt nicht, warum das Klima sich seit der Eiszeit wieder gehoben hat. Heizte der innere Ofen seit Ende des Tertiärs bereits so schwach, daß die Sonne des Eises nicht mehr Herr werden konnte: warum sind wir dann nicht in der Eiszeit geblieben? Sie steht ebenso ratlos vor der Permeiszeit. Um sie zu deuten, müßte sie ein periodisches Nachlassen und Wiederaufflackern des Erdofens annehmen, das seit Jahrmillionen bereits wärmere und kältere Erdzeiten wechseln ließ. Das aber wäre eben ein Beispiel schon jener oben gerügten Phantasiearbeit, – um die Annahme der inneren Heizung zu retten, wird bloß zum Zweck eine zweite, völlig unbewiesene Annahme: periodischer Wechsel solcher Heizung, gemacht. Doch selbst ohne das wäre die Bodenheizung, ich möchte sagen, technisch gar nicht so leicht zu verstehen, wie es auf den ersten Anblick scheint. Gewiß hat die Erde seit Urtagen gelegentlich und örtlich mit Hitze von innen heraus gewirkt. Diabas, Porphyr, Basalt sind als glühende Lava durch die Erdenzeiten geflossen. Heiße Quellen haben mollige Badestuben gebildet, wie wir deren eine schon im Tertiär von Steinheim in Schwaben nachweisen können, zu der von weither die Urpferde, Flußschweine und Nashörner der Gegend sich wie zu einem »Badeort« versammelten, während die Hitze des Wassers die einwohnenden Schnecken (Planorbis) zu seltsamen Formverwandlungen trieb. Aber um wirklich den Erdboden so zu heizen, daß von innen etwa noch einmal die ganze äußere Sonnenwärme hinzugebracht würde, müßten (mit Frechs Rechnung) schon bei 10 m Tiefe des Sandstein- oder Kalkbodens 1000° C oder volle Rotglut unter unsern Füßen herrschen, was größere Baumwurzeln bereits mit Sengen bedrohte. Umgekehrt kennen wir aus den algonkisch-kambrischen Urtagen Sandsteinablagerungen von 2000 m Dicke, die nicht die geringsten inneren Verbrennungen (sogen. Kontaktspuren) zeigen, als wenn Wärme durch sie bis zur Oberfläche aufgestiegen wäre (Walther). Es wird nichts übrig bleiben, als daß unsere »innere Sonne« schon so ganz früh gleich Lava unter dünner Haut bis zur Unkenntlichkeit abgesperrt war.

Wenn aber die Sonne allein die gütige Geberin war, könnte nicht auch ihr Füllhorn im langen Zeitenlaufe nachgelassen haben? An ferne Sonnengestade führt uns der Gedanke. Auf die zauberhaft schöne Tropeninsel Java mit ihren Palmenparadiesen und dampfenden Vulkanen. Dort wurden im Tuff einer wohl frühdiluvialen Vulkankatastrophe jene seltsamen Knochen des halb affen-, halb menschenhaften Wesens Pithekanthropus gefunden. Die Fundstätte ist interessant für die Eiszeit selbst, die in fluchtartigen Tierwanderungen und einer Flora größerer Feuchtkühle damals, scheint es, schon bis dort hinüber anklang. Uns aber fesselt der Mann, der den einzigartigen Fund getan: Eugen Dubois. Gleichzeitig da drüben in den Tropen hat er auch das beste neuere Buch über die Sonnentheorie (solare Theorie) der Eiszeit geschrieben (erschienen 1893).

Die Sonne, so dachte sich damals der geistreiche und vielseitig kundige holländische Forscher, ist ein Fixstern wie die andern, bloß weiter entfernten unseres nächtlichen Firmaments. Auch sie muß im kalten Raum beständig fortschreitend erkalten. Zwar ersetzt sie für die Beobachtung kurzer Zeiträume ihren Wärmeverlust nach dem ewigen Kraftgesetz wieder durch eigene Zusammenziehung; aber auch das hat Grenzen. Schon sehen wir im Raum neben ihr jene blauen, gelben, roten Schwestersonnen. Sie selbst ist gelb. Von den blauen Sonnen nimmt man an, daß sie noch heißer sind als sie, von den roten, daß sie schon weniger warm. Sie war einmal blau und wird abglühend rot werden, ehe sie ganz erlischt wie jene Gespenstersterne im All, deren Dasein wir nur rechnend noch aus ihren Schwerewirkungen erschließen. Eine oft benutzte Theorie nimmt an, daß die Sonnenflecke bereits Anzeichen des beginnenden roten Stadiums bei ihr sind. Diese Sonnenflecke scheinen sich periodisch zu vermehren: vielleicht stehen wir dem endgültigen Rotstand schon sehr nahe. Wie wir Sterne haben, die periodisch heller und wieder schwächer glänzen, schwankt vielleicht auch die Sonne bereits in größeren Zwischenräumen zwischen Gelb und Rot auf und ab. Rot bedeutet stärkeres Auftreten chemischer Verbindungen, die weniger Wärme strahlen. Nun übertragen wir das auf geologische Zeiten. In älteren Tagen leuchtete die Sonne uns noch blau und gab damals also ebenfalls viel mehr Wärme. Unsere Tropen wurden dabei doch nicht überheizt, denn eine dichtere, sehr wasserdampfhaltige Atmosphäre milderte dort das tiefere Eindringen der violetten Strahlen, während die Wärmezirkulation eben durch deren Energie verstärkt und so die abströmende Wärme vornehmlich den Polen zugute gebracht wurde. Mit dem späteren Tertiär aber trat die Sonne ins gelbe Stadium, in das sich sehr bald auch schon rote Schwankungen mischten. Gelb gab das heutige Klima, Rotschwankungen dagegen begünstigten Eiszeiten, die einander folgten, von gelben Interglazialzeiten jedesmal mit einer Art Aufflackern unterbrochen. In einer solchen Interglazialzeit leben wir heute. Noch längere Zeit mögen die Schwankungen anhalten, bis kurz vor Ende des Sonnenlebens die kalten Perioden rasch anwachsen und endlich die Sonne dauernd rot und zuletzt ganz dunkel wird, wobei eine letzte nicht endende Eiszeit sich für uns zur Götterdämmerung erfüllt; nicht schön, aber danach hat der Forscher nicht zu fragen. Dubois hat daran noch interessante Exkurse über Wirkung des blauen und gelben Lichts auf Entwicklungsbeschleunigung und Pflanzenchlorophyll geknüpft, die Stahl nachher unter anderm Gesichtspunkt wieder aufgenommen, die uns hier aber nicht zu beschäftigen brauchen. Die geologischen Zeitziffern hat er zu kurz gegriffen, um seine Sonnenperioden hineinpressen zu können, wie er sie sich astronomisch dachte; doch ließe sich da leicht das eine am andern strecken. So bleibt kein Zweifel, daß die Theorie hübsch wirkt, bis – ja bis man sie doch auch wieder an den Tatsachen prüft.

Die Permeiszeit oder gar die kambrische würden nötig machen, daß wir uns seit damals bereits inmitten der Rotschwankungen befänden. Mit ihrem Auf und Ab an Warm, Gemäßigt, Kalt müßte die Erde durch ein Wechselspiel ihrer Sonne von Blau, Gelb, Rot in beständigem Durcheinander gegangen sein, wozu keine bekannte Sternstufe irgendeinen Vergleich bietet. Das Heranziehen der Sonnenflecke als Anzeichen immerfort dräuender »Rotscheiben« im Himmelsapparat unterliegt für sich Schwierigkeiten. Gewiß: periodisch wechselnde Vorgänge kommen hier kosmisch in Betracht. Diese Sonnenflecke zeigen heute eine überaus interessante regelmäßige Periode von allerdings kurzer Dauer. In jedesmal rund elf Jahren sinken sie zu einem Minimum herab und steigern sich wieder bis zu einem Maximum. Feine Schwankungen deuten an, daß wahrscheinlich diese Periode sich in ein paar geringfügig größere von 35 und 72 Jahren einordnet. Zwischen diesem Sonnenfleckzyklus und gewissen irdischen Erscheinungen besteht nun auch ein unzweideutiger Zusammenhang. Mit den Sonnenflecken sinken und vermehren sich Störungen der Magnetnadel bei uns, magnetische Gewitter, Nordlichter. Und seit man das weiß, ist immer wieder auch versucht worden, einen Einfluß auf unser Wetter nachzuweisen. Die mittlere Jahrestemperatur sollte entsprechend etwas schwanken, etwas mehr oder weniger Regen sollte fallen, die Zyklone sollten sich abhängig zeigen, von alledem ist bisher aber nur *ein* loser und dunkler Bezug geblieben.

Den ausgezeichneten Forschungen von Brückner verdanken wir den Nachweis, daß in dem ganz engen Verlauf unseres Wetters von heute sich auch eine allerdings höchst merkwürdige kurze Periode geltend macht. Brückner beobachtete zuerst am Spiegel des Kaspischen Meers eigentümliche Zu- und Abnahmeschwankungen im Verlauf von rund 35 Jahren. Es ergab sich, daß sie verursacht waren durch periodisch verschiedene Dauer der Eisbedeckung und Höhe des Wasserstandes der einmündenden Ströme. Das aber wieder führte auf eine 35jährige Periode kühlerer Regenwitterung. Nasse Kältejahre waren z.B. für Rußland 1745, 1775, 1810, 1845, 1880, trockene Wärmejahre 1715, 1760, 1795, 1825, 1860 (nach Hann). Mit geringer Einschränkung hat sich das dann als ein allgemein gültiges Witterungsgesetz durchführen lassen, und eine ganze Masse gewöhnlicher Aussagen und Überlieferungen von einem seit einem Menschenalter bereits merkbar gewordenen vermeintlichen Dauer-Niedergang oder -Aufstieg des Klimas haben in dieser »Brücknerschen Periode« ihre sehr harmlose Erklärung gefunden. Man kann die Ziffer tatsächlich bis in die Statistik unserer Getreidepreise hinein verfolgen. Und sicherlich ist es die bedeutendste Witterungstatsache, die wir bisher kennen, mehr wert, als tausend Wetteransagen tierischer wie menschlicher Laubfrösche.

Wenn man nun aber fragt, was diese Brücknersche Periode veranlasse, so stehen wir wieder vor dem Tor. Und es könnte höchstens eben ein Anhalt sein, daß die Ziffer 35 auch in jenem Sonnenfleckenzyklus eine Rolle zu spielen *scheint*. Das ist aber auch wieder alles, was wir wissen. Die winzige Schwankung der Brücknerschen Periode für alle Eiszeiten, Pluvialperioden, Wärmesteigerungen der Geologie verwerten, hieße ihr selbst eine ungeheure zyklische Steigerung andichten, zu der das harmlose Periödchen doch nicht den leisesten Anlaß gibt. Selbst dann aber bliebe für Dubois' Folgerungen unsere Unkenntnis, was Sonnenflecke eigentlich sind. Für ihn bedeuten sie ohne weiteres Sonnenverdunkelungen mit Kältewirkung. Andere sehen dagegen in diesen »Flecken« genau entgegengesetzte Gebilde. Nach Arrhenius', des großen Astrophysikers, Ansicht handelt es sich in den starken Sonnenfleckenzeiten um verstärkte Sonneneruptionen, die unsere Lufthülle zeitweise stärker mit Sonnenstaub versetzen, der dann als magnetischer Störenfried wirkt. An sich könnte solcher vermehrte kosmische Staub ja irdische Wolkenbildung anregen oder auch selber nach Art der berühmten Aschenwolke des Krakataua-Vulkans, die jahrelang unsere Dämmerfarben vertiefte, das Sonnenlicht vorübergehend stärker abblenden und so die Wärmestrahlung schwächen, daß indirekt unser Klima sänke. Von den berühmten Erforschern der Inseln Ceylon und Celebes, den Vettern Sarasin in Basel, ist gelegentlich solche Abblendungstheorie durch Staub als Eiszeitursache wirklich aufgestellt worden, wobei ihre Urheber aber nur an irdischen Vulkanstaub dachten, – ein Anklang an eine Vulkantheorie der Eiszeit, die uns noch beschäftigen soll. Aber für Arrhenius sind seine Sonnenflecke grade Zeichen *verstärkter* Sonnenstrahlung, und das höbe die Staubwirkung vielleicht wieder auf oder spräche gar dafür, daß die Maxima der Sonnenflecke unter Umständen stärkere Erwärmungszeiten bedeuten könnten, genau umgekehrt zu Dubois. Man kommt auf den toten Punkt, der doch bezeichnend ist für verschiedene Eiszeitlehren: daß man nämlich mit dem gleichen Prinzip je nachdem die Existenz der Eiszeit und auch ihre Nichtexistenz beweisen kann, – dem Vorsichtigen Beweis, daß hier wohl im ganzen noch keine richtige Spur ist.

Wenn die Innensonne und die Außensonne nicht helfen wollen, so könnte man einen Augenblick erwägen, daß es ja noch »Übersonnen« gibt, kosmische Gewalten, an denen Sonne wie Erde gemeinsam hängen. Eine alte und hartnäckige Theorie sucht die Ursache der Eiszeiten im Raume als solchem. Die Sonne, bekanntlich selbst bewegt, soll mit uns abwechselnd durch wärmere und kältere Raumgebiete hindurchschneiden. In dieser nackten Grundform, wie sie gewöhnlich beliebt, ist die Theorie einfach sinnlos, denn wir haben nicht den geringsten Anlaß, den Raum, in dem bis in die fernsten Weiten die Sterne erkaltend von Blau zu Rot und Dunkel herabbrennen, an sich anders als gleichmäßig kalt anzunehmen. Man müßte schon den Fall setzen, daß die erhöhte Wärme von einer fremden Sonne stammte, der unsere Sonne sich periodisch näherte. Tatsächlich ist aber selbst die nächste Fixsternsonne (Alpha Centauri am Südhimmel) mehrere Billionen Meilen weit von uns entfernt. Von einer Zentralsonne, der uns auch eine stark elliptische Sonnenbahn nicht so ganz weit entführen könnte, sehen wir nichts, und sehr gut könnte die Sonne auch um einen Gleichgewichtspunkt kreisen, in dem gar keine wärmende Masse stände. Wir gingen seit der Diluvialzeit doch schon wieder auf solchen neuen Wärmestern los: warum sähen wir ihn nicht am Firmament? Oder man müßte an feines Nebelgewölk denken, das wir mit unserer Sonne zeitweise passierten. Seit wir vermuten, daß die echten Nebelflecke (Gasnebel) uns näher stehen und wirklich wohl wie Gewölk zwischen den Fixsternsonnen eingelagert sind, hat das etwas mehr für sich. Für gewöhnlich wird aber diese Nebelmaterie so fein sein, daß aus ihr so wenig Wirkungen entstehen können wie aus jenem berühmten Schweif des Halleyschen Kometen. Dichtere Stellen dagegen würden sich umgekehrt wohl eher in chemischen Zumischungen oder großen, alles vernichtenden Katastrophen äußern, wie man ja das jähe Aufflammen sogen. »neuer Sterne« auf solchen Eintritt eines Weltkörpers in eine dichte Nebelwolke gedeutet hat. Vielleicht noch am meisten hat die Idee für sich, daß ein mittelfeiner Nebelstoff auch als Sonnenabblender wirkte und so Eiszeiten bei uns schüfe; Nölke hat an diesem Faden gesponnen. Aber sind nun unsere im Lauf der Jahre so rasch wechselnden Nebelfleckentheorien selber richtig? Immer muß lose Theorie wieder die Theorie stützen! Man wird nebenbei beachten, daß keine dieser Meinungen jene Lichtfrage der Polarlande im Tertiär berührt. Dazu ist gelegentlich an eine räumlich sehr viel ausgedehntere Sonne gedacht worden, die sich etwa noch bis über die heutige Merkurbahn erstreckt haben könnte. Die Ablösung des Planeten Merkur im Sinne der Kant-Laplaceschen Theorie müßte dann erst in der geologisch kurzen Zeit seither erfolgt sein, – eine Annahme, die an Ungeheuerlichkeit wirklich nichts zu wünschen übrig läßt.

Inzwischen gibt es aber noch einen ganz anderen Weg, die Sonne für uns kühler oder wärmer zu machen, ohne daß man an ihr selber dabei in Gedanken herumzuheizen brauchte. Wenn wir schon von der Sonnenbahn reden, warum dann nicht von der Bahn der Erde selbst? Ich kann einen Ofen, der an sich gleich bleibt, doch als wärmer oder kälter empfinden, indem ich mich ihm mehr nähere oder mich mehr entferne. Wenn auch die Erde auf ihrer Bahn dem Sonnenofen im Zeitenlaufe bald etwas näher, bald etwas ferner gestanden hätte? Es ist ein ganzes Blütenfeld von Theorien, die hier aufgesproßt sind.

Die Erdbahn ist bekanntlich so wenig ein genauer Kreis, wie die Erde selbst eine vollkommene Kugel; diese reinsten Idealformen hat die Natur auch bei ihren großartigsten kosmischen Kunstwerken nicht durchzusetzen vermocht. Sie ist eine Ellipse, bei der die Sonne nicht genau im Mittelpunkt steht, und das bedingt, daß schon bei jedem gewöhnlichen Jahresumlauf die Erde dieser Sonne auf der einen Halbbahn etwas näher kommt und auf der andern etwas ferner bleibt. Nun stellen wir schon auf solchem einfachen Umlauf alljährlich auch eine entschiedene Wärmeänderung bei uns fest: große Gebiete unserer Erde erleben in Gestalt von Sommer und Winter etwas wie eine ständige Tertiärzeit und Eiszeit im kleinen. Es wäre einleuchtend, daß solcher Winter jedesmal käme, wenn wir der Sonne ferner, Sommer, wenn wir ihr näher sind. So einfach stehen aber wiederum bekanntlich die Dinge nicht. Sommer und Winter liegen für uns zunächst daran, daß die Erde aus einem an sich rätselhaften Grunde schief auf ihrer Bahn steht. Infolgedessen bietet sie der Sonne während ihres Umlaufs nicht immer freie Front dar, sondern gleichsam zwei schräge Katzbuckel, von denen immer nur der eine die halbe Bahn lang überhaupt gutes Licht und gute Wärme aufgebrannt bekommt und dann wieder der andere. Wie unabhängig für sich diese Sache läuft, zeigt am besten, daß wir auf dem Nordbuckel grade sommerlich gut stehen, wenn wir im ganzen der Sonne am fernsten sind, – zugekehrt ist hier eben weit wichtiger als nahe. Ganz belanglos sind aber doch auch fern und nahe wieder nicht. Nahe gibt ein klein wenig Wärme darauf. Dazu bummelt nach festem Weltgesetz die Erde fern etwas mehr als nahe, und folglich hat der Buckel, der fern Sommer und nahe Winter hat, etwas wärmere Winter und längere Sommer. Gegenwärtig genießt diesen Vorteil unsere Nordhalbkugel. Aber auch dahinein mischt sich noch etwas Eigentümliches, das jetzt nicht mit dem gewöhnlichen Jahr erschöpft ist. In einem Zyklus von zwanzig und einigen tausend Jahren zieht die Sonnen- und Mondschwere den vorgeschwollenen Dickbauch der Erde so herum, daß der Buckel, der soundso lange Fernzukehr hatte, auf gleiche Dauer Nahzukehr bekommt und umgekehrt. Es ist wie ein himmlischer Ausgleich, daß nicht einer immer bloß den Vorteil haben soll. Hat ihn heute der Norden, so wird ihn in den nächsten paartausend Jahren an der großen Weltenuhr der Süden bekommen. Präzession nennt man den Wechsel; im einzelnen spielt noch mehreres an Astronomischem mit hinein, das uns aber hier nicht weiter zu kümmern braucht.

Es war nun im Jahre 1842, daß in Frankreich ein Buch erschien, von einem Pariser Mathematiklehrer, sonst nur durch brauchbare

Lehrbücher bekannt, Alphonse Joseph Adhémar, das nicht nur eines der frühesten, sondern auch merkwürdigsten der ganzen Eiszeittheorie sein sollte. Noch heute liest es sich wie ein spannender Roman Jules Vernes, und fast bedauert man, daß seine handfesteste Folgerung zur gelegentlichen kosmischen Aufrüttelung der Menschheit nicht wahr ist. In diesem Buche wurden zum erstenmal die Präzessionstatsachen für die wirkliche Eiszeit verwertet, – mit einer kleinen Hexerei, die noch eine ganze Pandorabüchse auf die Menschheit schüttete. Jede der Präzessionsperioden (die Adhémar mit einem bestimmten Abzug auf 21 000 Jahre rechnet) belegte abwechselnd einmal die Nord- und einmal die Südhalbkugel mit längeren und härteren Wintern. Darin häufte sich einmal hier, einmal dort stärker das Polareis, – wie das, nebenbei bemerkt, ein preußischer Offizier, Rohde, schon zu Anfang des Jahrhunderts einmal klar entwickelt hatte. Diese Häufung aber, lehrt unser Pariser Mathematikus, bedeutet jedesmal für die betreffende Halbkugel eine Eiszeit. Als der Zyklus uns zum letztenmal traf, rückten unsere Nordgletscher entsprechend vor. Seit Jahrtausenden sind wir jetzt wieder wärmer, dafür liegt gegenwärtig der Südpol unter kolossaler Eisglocke. Seit fernen Urweltstagen ist das so, und ewig wird es so sein. Mit dem nächsten halben Stundenschlage der Präzession werden auch wir abermals nordische Eiszeit erleben. Aber die Sache hat noch eine Klausel, und hier wird die Prophezeiung hochdramatisch. Jeder Pol, der das stärkere Eis hat, ändert damit den Schwerpunkt der Erde. Die Wasser strömen zu ihm hin: deshalb liegt heute das große Südeis inmitten uferlos blauenden Ozeans, während im Norden weites Land ragt. Kommt die Eiszeit neu zu uns, so wird sich's umlagern, das Südmeer neu zu uns heraufstreben. Aber allemal der letzte Akt solcher Neuverlagerung geht durch furchtbare Gewalt. Da birst erwärmt der letzte Eisblock in seinen Wassern, blitzschnell springt das Schwerezentrum ganz über, und in grausiger Katastrophe stürzen die Wasser ihm nach. Beim letzten nordischen Einbruch wurden so Elefanten bis ins sibirische Eis verschwemmt. Der letzte Südeinbruch aber war wohl die Noachische Sintflut. Heute rückt das Zeigerlein der Wage schon leise wieder nach Norden zurück. In 6300 Jahren ist der große antarktische Eisbruch mit neuer Sturzflut zu erwarten, – Menschheit, bereite dich, anstatt inneren Streit zu führen, baue Archen und Luftschiffe oder schlage deine Wohnung bei den Gemsen des Gebirgs auf!

Das kleine Buch wirkt, wie gesagt, noch heute bezaubernd, keines hat seinerzeit so durchgeschlagen, schien so einfach, löste so bis auf die Ziffern exakt. Schade nur, daß es dem nüchternen Urteil um so weniger standhält. Für unsere wahren geologischen Zeiträume erscheint der Präzessionszyklus unendlich viel zu winzig. Ließe er sich vielleicht noch in die diluvialen Interglazialzeiten hineindenken: mit wieviel Eiszeiten müßte er uns beglückt haben bis zur wirklichen Permeiszeit! Aber Adhémars Beweisführung ist schon in sich hinfällig. Auch das dickste Polareis würde den Schwerpunkt der Erde schwerlich ändern können. Ganz unmöglich aber erscheint der geringe Winterunterschied bereits als Ursache einer einseitigen Eiszeit.

Und doch hat die Bewegung nicht ruhen wollen, als müsse sich irgendwie hier noch einmal etwas Verbessertes anknüpfen lassen. Etwas, das den Schwereroman und seine phantastischen Sintfluten fortließ, dafür aber den zu kurzen Präzessionszyklus an einen größeren schloß und die Vereisung innerhalb der Präzession besser begründete. Der Schotte James Croll bezeichnet mit seinen höchst verdienstvollen Arbeiten zur Eiszeit, die sich seit Mitte der 60er Jahre folgten, diese Stufe der Theorie. Croll ging davon aus, daß es bei der Erdbahn tatsächlich noch einen Zyklus gebe außer der Präzession und ihren näheren Anschlüssen. Die Ellipsengestalt der Bahn selbst schwankt in großen Zeiträumen. Heute nähert sie sich mehr der Kreisform, zu andern erdgeschichtlichen und künftigen Tagen muß sie dagegen noch stärker von ihr abweichen, noch exzentrischer werden. Dieser Zyklus mag über Jahrhunderttausende, ja Jahrmillionen reichen, und seine Höhezeiten und Mindestzeiten mögen jede allein ganze Reihen des kleinen Präzessionswechsels umfassen. Alle jene guten oder schlechten Wirkungen der gewöhnlichen Lage müssen sich aber, lehrt Croll, in solchen extremen Zeiten entsprechend extrem vermehren: sehr kalte und endlos lange Winter z.B. für die im Präzessionszyklus jeweilig schlecht gestellten Erdseiten, kurze und warme für die guten. Und hier erst sieht unser diesmal sehr besonnener, selber gar nicht ausschweifender Urteiler die wahre Ursache auch von Eiszeiten. Sie treten nur in riesigen Zwischenräumen ein, wenn nämlich die Abschweifung der Erde von der Sonne im Höchstmaß steht, und zwar treffen sie dann je in halben Präzessionszyklen eine Reihe von Malen rasch hintereinander jede Erdhalbkugel. Über den Gegensatz der beiden Halbkugeln in der kritischen Zeit glaubte Croll dabei noch manches Anregende aussagen zu können, wobei ihn seine reiche Begabung als Klimakenner trug. Gegen die harten Winter der ungünstigen Halbkugel kamen ihre kurzen Sommer nicht auf. Große Schneemassen blieben dort liegen. Die verschlechterten dann (ein sehr richtiger Gedanke) selber wieder weiter das Klima. Die Passatwinde änderten sich, die warmen Strömungen flossen nicht mehr nach der kalten Seite ab; auch der Gedanke an solche Meeresströmungen (z.B. Versagen des Golfstroms) sollte fortan ein Leitgedanke der verschiedensten Eiszeittheorien bleiben. Umgekehrt vereinigte sich drüben alles Gute: während etwa die Nordhälfte unter Eiszeit schmachtete, blühte die andere in paradiesischer Pracht.

Zweifellos: Troll hatte mindestens zwei Klippen mit Glück umschifft, an denen Adhémar gescheitert. Und bis heute folgen ihm angesehene Geologen und Astronomen nach. Andererseits mußte sich aber auch zu ihm die Kritik geltend machen. Sie bestritt die Einzelheiten jenes allzu hell gemalten Gegenparadieses, schließlich war das aber ja nicht die Hauptsache. Doch sie bestritt auch selbst bei größter Exzentrizität immer noch die Nötigung der Eiszeit drüben. Hann, einer unserer besten deutschen Klimaforscher, meint, auch ein viermal stärker als heute gedachter Gegensatz der Hemisphären könne doch noch nicht hier das Paradies und dort die Eiszeit heranzaubern. Neumayr, der geniale Wiener Geolog, hat auch die sehr großen Ziffern des Exzentrizitätszyklus noch immer nicht für erdgeschichtlich brauchbar erklärt. Falle das letzte Höchstmaß vielleicht wirklich mit der diluvialen Eiszeit zusammen, so folgten sich die vornächsten Maxima in Abständen von dreiviertel und zweieinhalb Millionen Jahren, und das bliebe noch in der Tertiärzeit, die doch keinerlei Eisspuren zeigt. Und alle, die an »Bipolarität« der Eiszeiten glaubten, haben beklagt, daß bei Troll so wenig wie bei dem alten Adhémar jemals Nordeiszeit und Südeiszeit zusammentreffen Könnten. Auch jetzt blieb also noch als Aufgabe: vielleicht die Rechnung weiter zu bessern, mit irgendeiner Hilfserklärung die Kälte abermals zu mehren und die Bipolarität doch irgendwie als Möglichkeit zu retten.

Inzwischen brachte ein Kölner Realschullehrer, Schmick, einen neuen Gedanken ins Spiel: die Exzentrizität der Erdbahn müsse

Einfluß auf die Umdrehung (Rotation) der Erde haben. Diese Rotation wird leicht gebremst durch verstärkte Fluterscheinungen unserer Meere, – solche wirksameren Flutwellen aber weckt die Sonne bei mehr exzentrischer Bahn. Daraus zog der norwegische Botaniker Axel Blytt den Schluß, daß in solcher Seit etwas verlangsamter Rotation die Zentrifugalkraft am Äquator abnehmen und alle Flüssigkeit sich mehr polwärts ausbreiten müsse, – ein Anklang an Adhémar, doch ganz neu gewendet. Nun war es schon eine alte Idee des Begründers neuerer Geologie Lyell gewesen, daß starke Verlandung am Äquator große Heizflächen für die Erdwärme schaffen und mildes Gesamtklima begünstigen müsse, während umgekehrt viel Wasser dort feuchte Zeiten mit starkem Schneefall in den kühleren Zonen, also eiszeitartige Erscheinungen, bringe. Ein Blick auf die Karten früherer Weltalter, wie sie die Schule von Sueß in Wien gab, legte nahe, daß wirklich seit grauen Tagen bis zu uns heran eine gewisse Tendenz zu solchem Wechselspiel bald mehr verlandeten Äquators und überschwemmter Pole, bald umgekehrt äquatorialer Meere und polaren Landes geherrscht habe. Dann aber drängte sich ein merkwürdiger Schluß auf. Die Zeiten sehr exzentrischer Erdbahn, in denen das Wasser vom Äquator fortfloß, waren nicht die geeigneten für eine Eiszeit, sondern umgekehrt die der *geringen* Exzentrizität, in denen die Rotation sich hob und die Fliehkraft die Wasser am Äquator sammelte. Schon der amerikanische Geolog Becker hatte gelegentlich Zweifel geäußert, ob nicht doch solches Minimum mit einer mittleren Temperatur auf der Erde passender sei, falls sich noch eine unmittelbare Eis-Ursache hinzufinden ließe; letztere hatte er allerdings in Schwankungen der Erdschiefe selbst gesucht. Aber die Frage entstand doch noch, ob die Verdunstungsfeuchte der Äquatormeere allein in den kühleren Zonen Eiszeiten zu erzeugen vermöchte. Hier mußte noch eine Hilfe einsetzen. Blytt, als er zuerst auf das Abströmen nach den Polen kam, hatte dabei (reichlich kühn) auch an Lavamassen des Erdinnern gedacht, die im Polargebiet stürmisch vordringen und die Wasser stauen müßten. Von da schien nur ein Schritt zu dem anschaulicheren Gedanken, daß jeder wirklichen Eiszeit eine polnahe große Gebirgsbildung vorausgegangen sein müsse, an der sich die vermehrte Luftfeuchte zu Schnee und Gletschereis kondensieren könnte. Große äquatoriale Wasserbedeckungen haben auch in Alttertiär und Kreide stattgefunden, ohne daß es doch zu Eiszeiten kam: damals fehlten eben große Erdgebirge, während kurz vor der Diluvial- und Permeiszeit solche frisch entstanden waren. Die Theorie gibt zugleich eine hübsche Stellung zur Bipolarität. Da die große Meeresfeuchte nach beiden Polen wirkt, *kann* sie bipolar erkälten, sie *muß* es aber nicht, falls nur gegen den einen Pol zu Gebirge ragen, zum andern dagegen nicht.

Es sind längst jetzt im wesentlichen Gedanken eines neuen Eiszeitdeuters, was ich hier vortrage, – von dem in Berlin wohnenden emeritierten Lehrer Max Hildebrandt wieder in einem der besten neueren Eiszeitbücher 1901 niedergelegt. Zum Ganzen wird man aber auch hier mit einem feinen Lächeln bemerken, wie vieldeutig die Dinge mindestens noch sind: wird doch mit dem Mindestmaß der Exzentrizität abermals das gleiche bewiesen, das oben vom Höchstmaß kommen sollte. Und im Engern lassen sich, so geistvoll die Begründung ist, gewisse Bedenken nicht verschweigen. Die permische Eiszeit mit äquatorialem Landeis paßt nicht hinein, und ob die geringe Rotationsänderung wirklich so große Wasserverlagerungen bewirken kann, bleibt problematisch, wie Arldt wohl mit Recht betont hat; hier aber hängt schließlich Wohl und Weh des Ganzen. Andererseits wird man nicht verkennen, daß der astronomische Zusammenhang mit der eigentlichen Eiszeitfrage auf diesem Wege bereits ein *überaus loser* wird. Wechselnde Land-, Wasser- und Gebirgsverteilung der geologischen Vergangenheit geben tatsächlich den Ausschlag, und deren Ursache könnte auch in rein irdischen Verhältnissen gesucht werden.[4]

In der Geschichte der Forschung kehrt ein bedeutsamer Augenblick öfter wieder. Man hat sich lange um Beantwortung einer Frage bemüht. Immer neue Versuche sind gemacht, die Tatsachen ihr anzupassen, die Deutung zu verfeinern, aber die Sache verwickelt sich. Da legt plötzlich einer die Stirn in die Hand und sagt: Halt, ist nicht in der ganzen Fragestellung noch ein Fehler? So war's, als das ptolemäische Weltsystem in immer kniffeligere Rechnungen führte

---

[4] Wie mir mein verehrter Freund Hildebrandt brieflich mitteilt, hält er heute nicht alle seine Meinungen von damals mehr im ganzen Umfange aufrecht. Doch führen Bücher, einmal von des Verfassers Hand in die Öffentlichkeit entlassen, eine Art selbständigen Lebens, das (hier wie ähnlich bei Dubois) geachtet sein will.

und Kopernikus einfach umdrehte und die Sonne in die Mitte setzte. So, als Kolumbus durchaus in sein Mittelamerika hatte Japan und die Sundainseln hineinsehen wollen und die folgenden fragten, ob hier nicht ein ganz neuer Erdteil entdeckt sein könnte? Auch die Theorie der Eiszeit sollte noch einmal solche Damaskusstunde erleben, wo es schien, als sei ihr Problem falsch, und es ist nicht ihr wenigst lehrreiches Kapitel, das hier einsetzt.

Wir sind aus astronomischen Sonnenweiten immer mehr auf die Erde selbst als Himmelskörper herabgestiegen. Schon bei jenem merkwürdigen Drehzyklus der sogenannten Präzession entschied ja nicht mehr so sehr die eigentliche Bahn um die Sonne, als eine gewisse Richtungsumschaltung an unserer eigenen irdischen Achse. In soundso viel tausend Jahren schaukelte die schiefe Erde sich immer einmal wieder grade so herum, daß ihre Achse genau entgegengesetzt schief zur Sonne und den Sternen zu stehen kam, als zuvor. Dabei pflegt allerdings ein, ich möchte fast sagen, hergebrachtes Mißverständnis mitunterzulaufen, dem fast jeder unterliegt, der sich diesen schwierigen astronomischen Dingen zum erstenmal hingibt. (Die meisten Lehrbücher stellen die Sache rein mathematisch dar und machen sie damit leider vollends unverständlich; denn der unbefangene Blick verlangt mit Recht zuerst gegenständliche Anschauung und nicht Ziffern.) Es wird nämlich angenommen, bei jenem Kreiselspiel der Jahrtausende, das unsere Erde da herumtrundelt wie einen wahren himmlischen Brummkreisel, verändere sich auch die Schiefe ihrer Achse als solche mit: wir ständen also mal noch schiefer und mal wieder aufrechter dabei. Das ist indessen keineswegs der Fall: die Drehachse unseres dicken Brummkreisels weist nur entsprechend nach und nach auf immer andere Sterne da draußen hin: ist's heute der danach benannte Polarstern im Kleinen Bären, so dereinst einmal die herrliche Wega. Und an diesem schon in geschichtlicher Zeit merkbaren Fortzittern am Himmel hat man den ganzen Sachverhalt überhaupt herausbekommen. Die Schiefe der Achse selber aber bleibt davon genau so unberührt wie die einer auch von Natur zufällig schiefen Wetterfahne, die ein Wirbelwind einmal ganz um sich selbst herumtreibt, so daß ihre Spitze jetzt dahin und jetzt entgegengesetzt deuten muß, ohne daß er sie doch dabei an sich schiefer oder grader rücken könnte. Eben dieses Mißverständnis führt aber, richtig geleitet, doch auch wieder auf einen tatsächlichen Sachverhalt.

Nicht wegen der Präzession, aber aus eigenem Grunde schwankt nämlich auf einige Jahrzehntausende hin ein klein wenig wirklich auch die Achsenschiefe. Im planetarischen Balancespiel zittert gleichsam auch der Plan, in dem die Erde läuft, etwas gegen ihre Achse. Kippt diese schiefe Achse heute um rund dreiundzwanzigeinhalb Grad von der senkrechten Lage über, so mögen es zu andern Tagen gegen fünfundzwanzig und wieder zu andern nur etwas unter zweiundzwanzig sein. Das ist gewiß nicht viel, und doch haben sich auch hier gelegentlich Eiszeittheorien eingehakt, wenn auch ohne besonderen Erfolg. An der Achsenschiefe hängen, wie gesagt, unsere Jahreszeiten und damit gewiß tiefste Grundlagen unserer gesamten klimatischen Ordnung. Wenn die Präzession hier nur gleichsam die Reihenfolge vertauschte, so rüttelte eine wirklich geradere oder schiefere Achse am Bestande selbst. Andererseits ist jener sicher errechnete Betrag aber tatsächlich so gering, daß er auch nur verschwindend winzig wirken kann. Jenes kleine Mehr an Schiefe, nach Jahrtausenden immer einmal wiederkehrend, würde vielleicht den Unterschied der extremen Jahreszeiten etwas verschärfen, den Pol um ein ganz Geringes stärker erwärmen können. Und umgekehrt. Wobei über die Einzelheiten sogar noch starke Meinungsverschiedenheit besteht. Daß das aber auf keinen Fall schon Wärmezeiten oder Eiszeiten erzeugen kann, zeigt wieder die Kürze der Periode, die beispielsweise die wirkliche warme Tertiärzeit mit Dutzenden von Eiszeiten hätte durchsetzen und noch in die historische Überlieferung hätte hineinwirken müssen. Es könnte sich also im besten Falle auch nur um eine kleine Hilfshypothese handeln, die als solche denn auch bisweilen ernst genommen worden ist. Man könnte sie zur Not bei den Wärmeeinlagen der Interglazialzeiten mitspielen lassen, und Hann hat mit einem Schiefenmaximum vor zehntausend Jahren noch eine Kleinigkeit wie das damalige weitere Vordringen der Haselnuß in Skandinavien in Verbindung setzen wollen.

Anders, wenn man auch hier wieder irgendeine mythische Riesensteigerung annehmen dürfte. Es ist nicht zu leugnen, daß auch sie nicht *ganz* in der Luft hinge. Mit einiger Überraschung ist nämlich seit längerer Zeit schon bemerkt worden, wie verschieden sich im Punkte Achsenschiefe die einzelnen Planeten unseres Systems zueinander verhalten. Der auch sonst uns angeblich so ähnliche Mars steht zwar fast genau so wie wir, bloß heute in einem Schiefenmaximum von rund fünfundzwanzig Grad gekippt. Der riesige Jupiter dagegen ragt verwunderlicherweise nahezu in voller Paradestellung aufrecht in seiner Bahn. Und umgekehrt wieder der ferne Uranus scheint so vollkommen umgekippt zu sein, daß er nicht mehr bloß schief steht, sondern bäuchlings platt in der Ebene seines Laufes liegt. Schwerlich, daß auch diese auffälligen Gegensätze auf einer Steigerung jener kleinen Verschiebungsperioden zwischen Bahnplan und Achse beruhen könnten. Ein geheimes Gesetz scheint sich hier auszusprechen, das in der persönlichen Bildungsgeschichte der einzelnen Planeten selbst gewaltet haben dürfte. Aber man könnte fragen, ob es nicht auch die Erde einst anders berührt habe? Wenn nun auch sie einmal grade gestanden hätte, wie der große Jupiter, und erst nachträglich schief geworden wäre? Es ist ein altes Rätsel, das die Köpfe immer wieder bewegt hat: warum überhaupt diese Schiefe?

Emerson und Theodor Arldt, der hochverdiente Geograph der geologischen Vergangenheit, haben in der Tat angenommen, daß wir einst jupiterhaft aufrecht ragten. In der mythischen Urperiode vor Entstehung der Lebewesen und wohl selbst der Meere soll es gewesen sein, wie ja Jupiter selber heute noch in einem sonnenhafteren Urstande zu verharren scheint. Und erst bei dem weiteren Erkaltungs- und Zusammenziehungsvorgang der Erdkruste, der in einer eigentümlich ungleichmäßigen (tetraedrischen) Richtung erfolgt sein soll, sei auch die Drehachse durch einseitige Verlagerung schief herübergezogen worden. Auf die Einzelheiten dieses geistreichen Gedankens braucht hier nicht eingegangen zu werden, da an sich diese Theorie unsere Eiszeitfrage gar nicht berührt. Denn wenn die Aufrechtlage wie die Schiefstellung ganz noch in die, wie ich mich ausdrückte, mythische Urzeit vor Beginn allen Lebens fallen, so können sie auch unsere permischen oder tertiären oder diluvialen Wärme- und Kälteverhältnisse nicht mehr beeinflußt haben. Und höchstens könnte man einen Augenblick fragen, ob nicht der Theorie zum Trotz solche Jupiterstände und vielleicht größeren Schiefen auch später noch wirklich hineingespielt haben? Selbst wenn man das Ungeheure zugäbe, daß die Achse noch bis zum Ausgang der Diluvialzeit Riesensprünge von Ganzgrade zu uranushafter Entgleisung gemacht hätte, kann ich doch nicht finden, daß man damit viel erklärte. Die beispiellosen Äquator- und Polargegensätze oder tollen Jahreszeitwidersprüche solcher ganz verkehrten Welt würden zweifellos auch das jüngere geologische Klima noch weidlich um und um gekrempelt haben, doch in bizarrer Eigenart, die nun wieder mit dem Wirklichkeitsbilde nichts zu tun hätte. Ganz durchgedacht hat übrigens diese wilden Folgen, soviel ich sehe, bisher noch keiner, so daß sie immerhin auch noch zur wohlwollenden Diskussion ständen.

Inzwischen bietet aber jene Emerson-Arldtsche Idee, soweit sie sonst vom Thema lenkt, doch noch *einen* schlechtweg bedeutsamen Punkt. Indem sie nämlich im mythischen Alter an der Drehachse rückt, läßt sie nicht eigentlich den ganzen Erdkörper schief sinken, sondern zerrt die Achse in ihm selbst seitwärts ab, – so daß der Pol ein Stück weit über die Erdkarte wandert. Lag der Nordpol bei ursprünglich jupiterhafter Gradstellung der Achse etwa nahe der heutigen Beringstraße in Asien, so läßt sie ihn erst mit der im Erdball sinkenden Achse an seine heutige Stelle oberhalb Grönlands rücken. Wobei natürlich mit den Polen auch der Äquator sich entsprechend verschoben haben müßte. Solange der Nordpol noch an der Beringstraße saß, muß auch dieser Äquator einen anderen Erdgürtel durchzogen haben, der vielleicht in jupiterhaften Tagen der Aufrechte unter dem Einfluß regelmäßiger großer Mond- und Sonnengezeiten eine besonders bedrohte Bruchzone der Erdrinde gewesen ist. Die spätere Bruchzone des großen Mittelmeers (Tethys), das in allen geologischen Epochen noch eine so merkwürdige Rolle gespielt hat,[5] hätte ungefähr noch der Richtung dieses Ur-Äquators entsprochen, dessen Umgegend immer empfindlicher als andere geblieben wäre.

Klein erscheint der Schachzug, den dieser Gedanke noch zu den andern fügt, und doch ist er von der größten Tragweite über das Ganze hinaus. Mit ihm erwächst – zunächst ganz allgemein und geologisch irgendeinmal – die Möglichkeit, daß der Pol als solcher (und mit ihm der Äquator) seine Lage *geändert* haben könnte im

---

[5] Vgl. mein Kosmosbändchen »Festländer und Meere im Wechsel der Zeiten« mit seinen geologischen Karten.

Verhältnis zu den Ländern der Erde! Im gleichen Augenblick aber erhellt sich wie mit einem Blitz das, was ich oben eine neue Fragestellung genannt habe.

Wir sind bei unserer ganzen Betrachtung bisher von einer festen Voraussetzung als der selbstverständlichen ausgegangen. »Eiszeit« bedeutete uns (wir hören wieder den alten Goethe sprechen) »eine Epoche großer Kälte«. Vom Pol zum Äquator ging ein gewaltiger Klimasturz, daß der Pol sich gleichsam ins Riesige vergrößerte, Eis bis zu uns drang. Umgekehrt in einer Wärmezeit wie im Tertiär floß eine heißere Welle vom fernen Äquator herauf, brachte Palmen zu uns und Magnolien bis an den Pol. Die Frage aber ging, wer dieses Plus oder Minus an Temperatur jedesmal geschaffen. Jetzt aber: wenn nun das Klima selbst nie anders gewesen wäre als heute? Die Pole nur wie heute kalt, der Äquator warm und dazwischen die gemäßigte Zone? Aber der Pol, der Äquator *beweglich*? Wenn der Pol, der heute Grönland und Franz-Joseph-Land vereiste, in der Diluvialzeit einfach näher bei uns gelegen hätte, Skandinavien in Binneneis begrabend wie Grönland, die Nordsee zur Eiswüste erstarrend gleich jener, in deren Grauen sich Nansen gewagt? Oder wenn sich im Tertiär der Äquator einfach selber ein Stück weit höher zu uns heraufbog? Mit seiner Wärme des Palmenlandes? Weil der Pol diesmal seine Schneefelder fern auf der Beringstraße oder noch weiter blinken ließ? Wie das Ei des Kolumbus erscheint plötzlich diese neue Lösung – Lösung durch eine veränderte, eine selber auf den Kopf gekehrte Fragestellung ...

In der Arldtschen Theorie ist natürlich diese Folgerung selbst noch nicht gezogen. Grade seine Art der Polwanderung durch Schiefenverlagerung der Drehachse hält er ja nur in der fernen Urzeit für möglich, während in den eigentlichen geologischen Epochen der Folge solche gigantische Zerrung, die die ganze Rotationsachse mitzog, viel zu umstürzlerisch gewesen wäre und sich in anders sichtbaren Spuren hätte eingraben müssen. Gleichwohl ist die ganze Logik bereits darin, und entsprechend war diese auch schon vor ihm in mehreren andern scharfen Köpfen unabhängig aufgetaucht, sobald auch sie irgendwie an das Achsenproblem gerührt hatten.

Klar tritt sie unter andern hervor bei Melchior Neumayr (1887). Neumayr ist in der Verwertung allerdings auch noch *sehr* vorsichtig. Es wird nur versuchsweise auch einmal so geprobt. Also z. B. die Permeiszeit: man könnte ihre Eisfelder in den Randländern des Indischen Ozeans erklären, wenn man am Ende den Südpol nahe zu Ceylon wandern ließe. Dann käme aber der Nordpol nach Mexiko, wozu doch dem umsichtigen Geologen die nahen Farnwälder, die sich in den nordamerikanischen Kohlenfeldern verewigt, nicht passen wollen. Hier ist bereits ein Wichtiges gefaßt: läßt man nämlich den einen Pol wandern, so muß immer auch der andere mit und die Sache muß stets doppelt passen; ob die Eiszeiten als Klimasturz stets »bipolar« waren, darüber herrscht noch Streit; wenn aber nur der wie heute vereiste Nordpol wandert, muß der Südpol, wo immer er dabei mit hinkommt, auch ein Eisfleck sein und umgekehrt. Für die Diluvialzeit ist Neumayr ganz zweifelnd. So nah zur Gegenwart scheint auch ihm ein solches Theater wie eine Polverschiebung doch allzu gewagt. Aber die warme Tertiärlandschaft bei uns und bis Grinnelland hat's ihm wirklich etwas angetan. Zunächst sieht es ja auch da aus, als sollte man unmöglich durchkommen. Allzuweites Verschieben des Pols schien auch hier nicht zulässig. Der alte Herr hatte aber bereits betont, die immergrünen Tertiärwälder schienen einen geschlossenen Ring um die heutige Pollage zu bilden, in der keine Lücke zum Hinausschieben sei. Und der englische Geolog Houghton hatte das in das hübsche Bonmot gefaßt: diese alten Wälder hielten den Pol wie eine Rotte Dachshunde eine Ratte zum Nichtentkommen eingekreist. Neumayr glaubte aber doch den Finger auf eine verdächtige Stelle legen zu können, und zwar kam er dabei auch ungefähr auf Nordasien, gegen das der Pol im Meridian von Ferro um etwa 10 Grad damals verschoben gewesen sei. Dann lag keiner der entscheidenden arktischen Pflanzenfunde nördlicher als bis zum 73. Grad, was allerdings immer noch 3 Grad mehr blieb, als heute auch vom letzten Kümmerwalde zu unserm Pol erreicht wird. In Alaska und Japan aber sollte die Pflanzenwelt wirklich einen nordischeren Anstrich gezeigt haben als sonst so weit herab im Ring, was also zu der damals hier polnäheren Lage paßte. Der letztere Gedanke ist nachher von Nathorst besonders ausgebaut worden, der mit seinem Wanderpol aber noch um 10 Grad weiter nach Ostasien hineinging. Die Einzelheiten der ganzen Konstruktion aber haben immer wieder der Kritik seither

mit Für und Wider unterlegen ohne Abschluß. Eine gewisse Spitz-
findigkeit hat sich nicht herausbringen lassen. Europa kam inzwischen bei Neumayrs Deutung um 8-10 Grad weiter vom Pol ab als
heute, was seine Palmeninvasion immerhin dem Verständnis etwas
näher rückte.

Was den vielgenannten Wiener Geologen aber nun am ent-
schiedensten anzog, war auch ihm die Frage: wie solche Polverschiebung in solcher immer noch verhältnismäßig späten Zeit ur-
sächlich zu denken sei und ob sie zu denken sei? Ab sah er für sein
Teil wohl unzweideutig von einer wirklichen Schiefenänderung der
Drehachse im Sinne Emerson-Arldt. Wenigstens erwähnt er mit
keinem Wort deren besondere tolle Jahreszeiten- und Zonenfolgen
im Spiel. Dafür aber stützt er sich auf theoretische Gedankengänge
des berühmten Mailänder Astronomen Schiaparelli und praktisch
ganz besonders auf etwas, womit nun in der Tat hier noch einmal
ein zweites und engeres Kapitel beginnt. Wir müssen dazu noch
einen Augenblick auch astronomisch ausholen.

Jener kastilische König im 13. Jahrhundert, der zu seinen Astronomen das geflügelte Wort sprach: wenn er vom Schöpfer befragt
worden wäre, hätte er das himmlische System weniger verwickelt
geschaffen, zielte auf die zum Teil überflüssigen Wirrnisse des pto-
lemäischen Weltbaues, aber im Grunde hatte er eine ewige Wahrheit erfaßt. Jener Ptolemäus ist gefallen, aber die Forschung hat
immer neue Schraubereien, die uns Not machen, aufgedeckt. Und
eine der verblüffendsten waren da vor ein paar Jahrzehnten (grade
kurz ehe Neumayr schrieb) auf unserer unerschöpflichen Erdkugel
die sogenannten *Polhöhenschwankungen*. Es kam zutage, daß diese
unsere Erde nicht bloß im Präzessionszyklus immer wieder ihren
Polarsternen fortlief und im besagten echten Schiefenzyklus gegen
ihre Bahn anders eingestellt wurde, sondern auch noch sozusagen
in sich selbst ständig höchst absonderlich wackelte. Anfang der 80er
Jahre meldete die Berliner Sternwarte, die sich gleich allen andern
eine Säule im Meere der Unruhe dünkte, zum erstenmal den be-
fremdlichsten der Befunde an: daß bei ihr die Polhöhe sich bewege
oder, mit andern Worten, die geographische Breite von Berlin um
ein weniges mit ihr fortkrieche. Pulkowa, Gotha, Prag bestätigten
als lauter ebenso wankend gewordene Säulen. Da die Geschichte
immer noch zu Kühn erschien, wurde Markuse 1891 für ein Jahr

nach Honolulu auf den Sandwichinseln, also an die möglichst antipodisch fernste Gegenecke der Nordhalbkugel, gesandt, um eine
große Kontrollmessung zu Berlin vorzunehmen. Das Ergebnis war
diesmal schlagend: der alte Heraklit hatte einmal wieder beschämend recht mit seiner Weisheit, daß alles fließt. Die eigentümliche
Zitterbewegung umfaßte tatsächlich die ganze Erde. Es schwankt
gewissermaßen dabei die reale Erdmasse an ihrer idealen Drehachse. Die Drehachse behält ihre Richtung auf den gleichen Stern bei,
astronomisch wird also eigentlich nichts verändert. Aber irdisch
zittert doch immer wieder ein anderes Stückchen Erdkarte über den
Drehpol, und damit verschiebt sich natürlich die Gesamtlage aller
Erdenorte zu diesem Pol entsprechend mit, – die ganze Erdkarte
wackelt. Die genauere Messung ergibt allerdings, daß das Zittern
nicht nur ein ganz geringes ist, sondern daß es auch insofern zunächst ein richtiges »Zittern« bleibt, als in den paar Beobachtungsjahren seither immer wieder nur kurze Bewegungskurven ineinander zurückgelaufen sind. Die äußersten Abstände betrugen dabei
noch keine zwanzig Meter. In solchem Spielraum kreiselt also
einstweilen für unsere Kenntnis, wenn man's noch einmal so ausdrücken soll, die Erdkarte über dem wahren Pol mit ihrer Spitze hin
und her, ohne sich doch im ganzen – wenigstens gegenwärtig – für
eine dauernde und einseitige Bewegung vom Pol fort zu entscheiden.

Man hat sich natürlich sofort den Kopf zerbrochen, woher diese
offenbar nicht neue, sondern nur neu entdeckte Zitterei kommen
könne, und findet die Ursache meist in gewissen periodischen
Mehr- oder Wenigerbelastungen der Kugelseiten durch Luftdruckverschiebungen, wie sie unsere Barometer schon andeuten, und
ähnlichem. Die Hauptträgheitsachse der Erde und die Umdrehungsachse schlagen dadurch eben auch periodisch ein klein wenig
gegeneinander aus. Immerhin zeigen sich aber doch auch schon in
der kurzen Beobachtungszeit der paar Jahrzehnte mancherlei unerklärte Besonderheiten dabei. Und jedenfalls konnte nicht ausbleiben, daß schon früh auch hier *eine* Frage gestellt wurde, die jetzt
abermals in unser Problem trifft.

Diesmal änderte sich die Drehachse als solche nicht, verschob also auch nicht ihre Schiefe im Erdkörper. Aber die Erdkugel als solche lief etwas über die Achse hin und her. Heute bloß hin und her auf ein paar Meter. Aber wenn auch das nun in alten Erdentagen auch einmal oder öfter zu einem wirklichen Darüberfortlaufen in bestimmter Richtung geworden wäre? Auf Grund irgendwelcher größeren geologischen Ursachen? Man sieht auf den ersten Blick, daß auch das zu einer Art von »Polwanderung« führen müßte! Zum Himmel blieb zwar der Pol diesmal gleich. Aber irdisch, im Sinne der Erdkarte, zogen immer andere Länder oder Meere über ihn hinweg, so weit und lange jene große Abbiegung sich dehnte. Auch auf diesem Wege konnte das heutige Polarland vom Pol fortwandern und das Gebiet etwa der Beringstraße seine Stelle einnehmen. Da die Vereisung stets an den Drehpol anschloß, lag dann scheinbar der Eispol auf dieser Beringstraße, wie oben, während (alle Breiten schwanken ja mit, wenn die höchste über den Pol gleitet) wir in Europa gleichzeitig weit dem warmen Äquator zugedreht lagen. Oder umgekehrt: wir konnten mit dem Zuge der beweglichen Karte dem Pol zu gondeln, unter sein Eis gezogen werden, während die Beringstraße jetzt unten in das Klima der milden Südsee tauchte. Ausgeschaltet aber war bei diesem Lauf der Karte über den Pol alles, was früher beim wirklichen Lauf des Pols über die Karte infolge Absinkens des Achsenwinkels an verwegenen klimatischen Sonderzutaten sich hätte einstellen müssen. Es gab jetzt tatsächlich *nur* Äquatorwärme und Polareis wie heute auch über alle Geologie fort, aber eben: es gab sie an immer wieder *andern* Orten der Erde, und das täuschte uns Eiszeiten und Tertiärparadiese vor ....

Kein Zweifel, daß für unsern Neumayr *diese* Art der Theorie seinerzeit schon als die einzig diskutable erschienen ist, falls auch in späteren geologischen Perioden wirklich noch Polverlagerung mitgespielt haben sollte. In Einzelheiten, wie man sich auch das jetzt denken sollte, ist er indessen, schwankend wie er zu letzterem Punkt eben doch schließlich blieb, nicht eingegangen. Mit um so größerem Nachdruck aber sollten hier jetzt wesentlich gleichzeitig mit Arldts Darlegungen mehrere unabhängige Gedankengänge innerhalb des großen geistigen Kampfes um die Eiszeit einsetzen. Ich greife davon eine zu etwas genauerer Betrachtung heraus, die sich besonders rasch durch ein glückliches Leitwort auch in weiteren Kreisen Eingang zu schaffen gewußt hat und schon deshalb klare Kennzeichnung an dieser Stelle fordert: – die sogenannte *Pendulationstheorie.*

Im Jahr 1901 erschien in dem 27. Jahresbericht des Vereins für Erdkunde zu Dresden eine kleine Abhandlung des Dresdener Ingenieurs Paul Reibisch über ein neues »Gestaltungsprinzip der Erde«. Es handelte sich nur um ein paar Seiten, aber mit reichem Inhalt.

Der Verfasser geht zunächst ohne jeden Bezug zu Eiszeit und Klimafragen von der einfachen Tatsache der Verschiebung von Wasser und Land auf der Erde aus. Die Tatsache ist eigentlich der Anreger aller Geologie gewesen, wie sie schon vorher die Sintflutsagen beherrscht hat. Kein Zweifel, daß in den geologischen Epochen der Vergangenheit sich vielfältig an Stelle heutigen Landes Ozean gebreitet hat und umgekehrt. In neuerer Zeit haben verdiente Forscher das aber in richtigen geologischen Karten festgelegt, die den Unterschied für bestimmte ältere Zeiten ziemlich übersehen lassen. Indem Reibisch solche Karten für Europa in der Jura- und Kreidezeit betrachtet, scheint sich ihm nun ein Gedanke aufzudrängen.

Das Europa der Jurazeit erscheint ihm wie hineingeschoben in einen größeren Wasserberg. Seine Niederungen sind überschwemmt, nur die heutigen Erhebungen ragen als Inselarchipel vor. Auf der Karte der späteren Kreidezeit ist es dann, als beginne umgekehrt das Land sich aus einem etwas flacher werdenden Meer herauszuschieben. Wobei es in beiden Fällen viel weniger nach einem gewaltsamen neuen Empordrängeln des Landes selbst aussieht, als wirklich einem einfachen Eintauchen und Wiederauftauchen in voller Breite. Ganz ähnliche Sachlagen aber scheinen sich auch heute noch in gewissen Gebieten der Erde abzuspielen. So scheinen in der südlichen Hälfte des Stillen Ozeans jenseits des Äquators die zahllosen polynesischen Inseln immer noch tiefer in die Wassermasse hineingepreßt zu werden; Darwin hat bekanntlich seine ganze berühmte Korallentheorie darauf begründet, daß die Korallentiere ständig höher bauen müßten, weil ihre Küsten immer tiefer ins Wasser schnitten. Umgekehrt in der Nordhälfte dieses Stillen Ozeans arbeitet sich ebenso ersichtlich das Land seit Jahrhunderten aus den abflauenden Fluten heraus. Da die Wassermenge des Weltmeers als solche wohl unveränderlich ist, fragt sich, was für ein geheimes Gesetz hier walten könnte, das seit alters bald Wasserberge vor Ländern staut, bald diese Länder wie ragende Schiffe aus den verflachten Wassern führt, vorausgesetzt immer, daß die Dinge wesentlich am Wasserstande liegen.

Dieses Gesetz würden aber nach Reibisch jetzt sehr gut jene Bewegungen der Länder und Meere über den Pol, geologisch und heute noch fortwirkend gedacht, geben können. Nehmen wir an, die kleinen Polhöhenschwankungen haben wirklich noch eine solche große Steigerung hinter sich. Der Pol wahrt seine Stellung zum Himmel, die Achse ihre gewohnte Schiefe; aber über den Fleck des Pols zieht immer neuer Boden. Dann muß noch eine Erscheinung in Kraft treten, die wir bisher nicht beachtet haben. Am Pol ist infolge der Zentrifugalkraft die Erde bekanntlich abgeplattet, am Äquator vorgeschwollen. Land wie Meer haben sich ursprünglich darauf eingestellt. Wenn aber jetzt neue Länder und Meere über den Pol oder auch den Äquator rücken, so wird ein gewisser Konflikt unvermeidlich. Das bewegliche Wasser wird sich zwar sogleich neu nach der Zentrifugalkraft ordnen, am Pol flach auseinandergehen, auf dem Äquator einen dicken Wulst bilden. Das Land aber wird zunächst nicht so rasch nachkommen können. Auf sehr lange Dauer würde es sich ja wohl ebenfalls einigermaßen plastisch erweisen. Ich will dabei erwähnen, daß nach guten englischen Berechnungen zuletzt sogar eine solide Eisenkugel von Erdgröße sich durch innerste Verschiebungen abplatten müßte, und Schiaparelli wollte Polverschiebungen überhaupt nur bei einer im ganzen irgendwie plastischen Erde zugestehen. Aber zunächst wird ein Gegensatz bleiben, und er wird sich darin äußern, daß sich das noch nicht abgeplattete Land gegen den Pol zu aus den schon wieder abgeflachten Wassern höher heraushebt, während es umgekehrt gegen den Äquator in den Wasserwulst eintauchen muß. Sogleich erscheinen uns jene Bilder wieder: der Südteil des Stillen Ozeans geht offenbar heute äquatorwärts und ersäuft entsprechend sein Land, – der Nordteil aber wandert zum Pol und entläßt deshalb seine Feste aus sich. Europa auf jenen Karten aber verfolgen wir bei einer alten Doppelwanderung: im Jura lag es offenbar stark äquatorwärts eingetaucht, in der letzten Kreide dagegen hatte es Richtung gewechselt und stieg polwärts heraus. Wenn wir heute das antipodische Südseegebiet zum Pol rücken sehen, so werden wir sogar vermuten, daß wir jetzt erneut auf der Tauchfahrt nach Süden begriffen sind.

Eben daran aber wird für Reibisch noch eine interessante Wahrscheinlichkeit hell. Dieses periodische Auf- und Abpendeln ein und desselben Erdteils mit seinen Küsten herauf und herunter im Laufe schon von ein paar geologischen Zeitaltern scheint darauf zu deuten, daß die ganze Wanderbewegung über den Pol keine unbegrenzte Drehung ist, sondern selber ein bestimmtes Hin- und Herpendeln in nicht allzulangen Ausschlägen darstellt. Die Länder und Meere, die jetzt in bestimmter Richtung über den Pol drängen, machen nach gewissem Zeitraum wieder kehrt und drängen zurück. So ist Europa seit der Jurazeit einmal ganz herausgegangen und bereits wieder umgekehrt. Wenn es dereinst abermals kurswechselt, so wird auch drüben der Stille Ozean seine Richtung umdrehen. Diese Pendelausschläge der Karte zeigen aber nur, was die Erde im ganzen macht. Auch sie beschreibt eine Pendelbewegung zu ihrer Drehachse, als würde sie außer ihrer regelmäßigen und raschen Tagesdrehung noch von einer dämonischen Macht zwischen zwei Fingern gehalten und langsam ein Stück über die Pole vor- und zurückgedreht. Man kann sich die Sache leicht an einem kleinen Globus vormachen, den man im Äquator mit einer Nadel durchsticht und schwingen läßt. Wenn Europa dabei grade auf dem größten Schwingungskreise laufen soll, so muß der eine Schwingpol ungefähr auf Ekuador in Südamerika und der andere auf der Insel Sumatra liegen, und mit diesem Bilde hat man tatsächlich den Kern der ganzen seither so vielbesagten »Pendulationstheorie« erfaßt. Der Rest sind bei Reibisch nur einfache Folgerungen, darunter allerdings eine jetzt noch für uns entscheidend wichtige.

Wenn die Pendulation schon durch die ganze Geologie heraufkommt, so muß der Schwingungskreis über Europa (etwa der zehnte Grad östlich von Greenwich, der Deutschland schneidet und sich fern über den Pol zur Beringstraße und dem Stillen Ozean verlängert) seinen Ländern am meisten Abenteuer gebracht haben, denn hier ging's zwischen Äquator und Pol immerzu auf und ab. Die konservativsten Ecken dagegen müssen die Schwingpole selbst gewesen sein. Während dort die Fortentwicklung des Lebens blühte, haben sich hier noch altertümliche Tiertypen bis heute lebend erhalten, wie der uralte Molukkenkrebs (Limulus) und der vom

Mitteltertiär an unveränderte Tapir.[6] Hier muß ewiges Tropenparadies geblüht haben. Indem diese Klimafrage berührt wird, rührt aber auch Reibisch unvermeidlich an die Eiszeit selbst. Europa auf seinen Pendelfahrten erlebte nicht nur Wasser- und Landabenteuer, sondern notgedrungen auch klimatische. Es ist wichtig, daß die Pendulation bei Reibisch nicht erfunden wird, bloß um diese Klimadinge zu erklären, desto glatter aber scheinen sie sich ihr zunächst einzufügen.

Solange Europa äquatorwärts gependelt war, mußte es auch Tropenhitze haben. Unsere alten Saurier haben sich wohl darin gesonnt. Und auch als mit Spätkreide und Frühtertiär die abflauenden Wasser beginnende Polumkehr verrieten, ging es zunächst durch warme Zonen zurück. Daß dabei aber auch Spitzbergen, Grönland und Grinnelland grünen Wald trugen, ist ebenso selbstverständlich, lagen sie doch damals vom Pol fort noch lange über die gemäßigte Zone hinausgependelt, während im Zeichen des wahren Pols erst die Gegend hinter der Beringstraße stehen mochte. Und spielend wird hierbei etwas mitgelöst, das uns bisher fast in allen Eiszeittheorien so verzweifeltes Kopfzerbrechen gemacht: die Lichtfrage. Wenn etwa der Boden Spitzbergens damals wie auf einer ungeheuren Drehbühne an die Stelle des heutigen Südeuropa geschoben war, so *hatte* er eben keine lange Polarnacht und konnte unbehindert seine Magnolien und Zypressen tragen, wie die heutigen Hügel von Bologna. Man wird das Glück der Theorie an dieser Stelle nicht unterschätzen! Nun aber, als die Bühne zurückdrehte und auch da noch weiter drehte als heute, kam Skandinavien genau so folgerichtig in Polareis und die »Eiszeit« brachte alle ihre Schrecken zu uns, – nicht weil's wirklich kälter auf der Erde geworden war, sondern bloß einfach, weil wir jetzt näher auf den ewig vereisten Drehpol selbst hinaufgependelt waren. Damals dräute *uns* die Polarnacht, und die Moschusochsen Grönlands fanden bei uns die baumlose Moossteppe der arktischen Öde. Zwei Forderungen hatten nach Reibisch in allen Eiszeittheorien von je eine Hauptrolle gespielt: ein Klima, wie es viel nordischeren Breiten entspräche – und eine gesteigerte Erhebung des Landes über den Meeresspiegel. Beides bie-

---

[6] Über die auf jeden Fall merkwürdige heutige Beschränkung dieser beiden urweltlichen Tierformen auf so entfernte Gebiete wie das tropische Asien u. Amerika vgl. mein Kosmosbändchen »Tierwanderungen in der Urwelt«.

tet die Pendulationstheorie, indem sie wirklich in die hohen Breiten zaubert und zugleich das ungebrochene Land immer steiler aus dem abgeplatteten Meer herausrücken läßt.

Der Rest der Abhandlung dient im letzteren Punkt dann noch einigen vorsorgenden Beschränkungen zur Abwehr allzu leichter Einwürfe. Wirkliche Hebungen und Senkungen auch des Erdbodens selbst aus inneren pressenden oder eruptiven Gründen müssen natürlich das allgemeine Bild im einzelnen stets durchkreuzt und verschoben haben, auch ist das wandelnde Festland, wie gesagt, nicht unbedingt unnachgiebig. Die erlahmende Zentrifugalkraft bei zum Pol rückenden Landmassen und Seeböden wird die Tragfähigkeit der Oberfläche entspannen und Einbrüche begünstigen. So ist das nördliche Eismeerbecken ein solcher junger Einbruch, der dann für sein Teil wieder durch Seitendruck heute noch Spitzbergen und Skandinavien hebt in scheinbarem Widerspruch zu ihrer doch jetzt schon wieder äquatorialen Pendulation. Diese örtlichen Schwankungen müssen eben stets von dem großen »Gestaltungsprinzip« in Abzug gebracht werden, wenn die Sache richtig stimmen soll. Geschickt, wie das alles gruppiert ist, übt es eine glänzende Wirkung aus.

Erst 1905 und 1907 ließ Reibisch dieser gehaltvollen ersten Mitteilung noch zwei weitere kurze Abhandlungen am gleichen Ort folgen, mit denen einstweilen seine Arbeit zur Sache abschloß. Die zweite Studie verfolgt weiter jenes Verhalten des Landes bei polarer und äquatorialer Pendulation mit ihrem Einfluß auf Gebirgsfaltung, Erdbeben, Spalten- und Karstbildung, – während die dritte noch einmal der Eiszeit im besonderen gewidmet ist. Grade vor dieser »Eiszeit« werden wir jetzt aber in die Schwierigkeiten auch dieser Theorie eingeführt. So verblüffend diesmal alles zu klappen schien, hatte sich doch schon bei der ersten Behandlung ein Widerspruch gezeigt, auf den jetzt noch einmal genauer eingegangen wird.

Nach dem gangbaren Tatsachenbilde lag in der Diluvialzeit gleichzeitig zu Europa auch Nordamerika unter ungeheurem Eis. Dieses Eis reichte dort von Labrador bis gegen Alaska und bedeckte die Vereinigten Staaten bis an den Zusammenfluß des Ohio und Mississippi, 15 Millionen Quadratkilometer Land unter sich begrabend. Wenn aber Europa damals sein Eis erhielt, weil es näher zum

Pol gependelt war, – wie konnte Nordamerika vereist sein, das doch dann schon wieder weit über den Pol hinaus gependelt sein mußte? Reibisch versucht indessen noch einmal zu parieren. Zunächst schränkt er das räumliche Maß von Europas Nordpendeln selber stark ein. Nur dreieinhalb Grad mehr seien dazu nötig gewesen, also so viel, daß Berlin heute etwa auf die Breite Südschwedens rückte. Dann hätte die riesige gleichzeitige Landerhöhung, die unter anderem die Nordsee in ein steiles Hochplateau mit den Shetland-inseln als Gebirgsstock verwandelte, reichlich zum Binneneisstrom gelangt, der auf Europa floß. Tatsächlich aber sei die nordamerika-nische Vergletscherung überhaupt nicht mit unserer zusammenge-fallen! Sie sei eben älter! Amerikanische Geologen nähmen in ihr drei zeitlich einander folgende Stufen an, die sich räumlich von West nach Ost ablösten, als habe die Kälte zuerst das westliche Fel-sengebirge angehaucht, dann die Mitte neben der Hudsonsbai und endlich Labrador. Das entspreche aber genau dem langsamen Vor-beiziehen Nordamerikas am Pol schon zu Zeiten, da Europa mit seiner Pendulation noch weit südlich zurück war. Auch das klingt zunächst gut, wenn schon das »Hineinsehen auf der Karte nicht jedem so ganz leicht werden wird. Was man aber zwischen den Zeilen verstehen muß, ist, daß das nordamerikanische Eis dann gar nicht im Diluvium gewesen wäre, sondern *noch im Tertiär*! Als bei uns noch die Affen und Giraffen des Tropenwaldes hausten, began-nen drüben schon die Gletscher über Alaska aufzublinken, das als erstes auf der großen Nordfahrt die Nähe des Pols erreicht hatte und zu spüren bekam. Und während wir erst langsam die halbtro-pische und gemäßigte Zone durchwanderten, floß dort das Binnen-eis des nahe passierten Pols, bereits alles erkältend und die öde Moostundra vor sich her breitend, bis zum Mississippi.

Man sieht auf den ersten Blick, was für eine Umwälzung aller un-serer geologischen Begriffe bisher das bedeutete. Auch in Nordame-rika bedingte der vorrückende Eisrand eine völlige Umgestaltung der Tierwelt, die unserer diluvialen in Europa entsprach. Jetzt müß-ten diese amerikanischen Eiszeittiere (also wollhaarige Mammute, Moschusochsen u.dgl.) alle auch schon tief im Tertiär gelebt haben. In diesem Tertiär belebten aber für unsere geltende Anschauung bisher unendliche Scharen *nicht* eiszeitlicher Säugetiere aller Art die grünen Steppen und Wälder drüben. Riesige Knochenlager, wie sie kaum wieder auf Erden so vorkommen, geben uns von ihrem beispiellosen Reichtum ein überwältigendes Bild. Schichtenweise folgten sie sich, lösten einander ab, wie man stets glaubte, im Verlauf des Tertiärs. Dort war es, wo sich jene wunderbaren Stammbäume (z.B. der des Pferdes) fast lückenlos haben zurückverfolgen lassen. Auch das müßte jetzt alles umdatiert werden, man weiß nur nicht recht, wohin man damit zurückgehen soll. Soll man für die älteren Geschlechter bis in die Drachentage der Kreide hinunter, während doch keine Spur der alten Riesendrachen selbst sich mehr zwischen die völlig andersartigen Knochenfunde mischt? Das alles aber nicht aus eigenen Gründen, sondern nur um der Pendulation willen! Gewiß: jene Vermutung ist merkwürdig, daß die »Eiszeit« sich in Nordamerika stufenweise von West nach Ost bewegt habe, vorausgesetzt, daß sie richtig ist, worüber, genau gesagt, doch auch noch Streit besteht. Man würde die Sache unter die mancherlei bisher rätselhaften Einzelsonderheiten des großen Eiszeiträtsels verbuchen müssen, und ich gebe Reibisch durchaus recht, daß sie nach einer räumlichen Kältewanderung aussieht, die anders lief als die nordsüdliche in Europa. Niemals aber würde sie bloß aus sich auf die grundumstürzende Vermutung führen, daß das ganze nordamerikanische Diluvium tiefes Tertiär gewesen sei, wie es die Konsequenz der Pendulation hier fordert.

Kühne Gedanken jedenfalls! Unwillkürlich senkt man einen Augenblick das Blatt und schaut im Sinn nach der andern Eiszeit hinüber, – jener fernen der Permzeit. Wenn Europa damals auch polwärts gependelt war, worauf seine Eisspuren deuten könnten und wie es auch Reibisch annimmt, so konnte wohl unmöglich gleichzeitig Südafrika vergletschert sein. Und es müßte auch hier das einheitliche Bild erst unserer gangbaren Geologie zum Trotz auseinandergerissen werden, – wie denn Reibisch wirklich diese südafrikanische Vereisung vom Perm fort bis in die Jura- und Kreidezeit rücken möchte; wozu doch auch hier die anschließenden altertümlichen Farne und Reptile wieder nicht passen. Die Vergletscherung Indiens mit ihren so auffälligen Spuren muß aber überhaupt höchst problematisch erscheinen wegen der unmittelbaren Nähe zu dem einen der ewig tropisch, ewig polfern gedachten Schwingpole der Theorie auf Sumatra. Andererseits kann man aber diese indische Gletscherschrift doch nicht einfach der Theorie wegen streichen.

Und man wird jedenfalls begreifen, daß von seiten der Geologen auch der geistvollen Pendulationsidee noch reichlich Fehde angesagt werden mußte. Und wird bei aller Anerkennung ihres genialen Gedankenblitzes nicht übersehen, daß auch sie noch nicht so sehr alle Eiszeittatsachen *erklärt*, als sie erst für sich wesentlich umgruppieren muß.

Inzwischen war der Lehre aber ein begeisterter Prophet erstanden in dem Leipziger Zoologieprofessor Heinrich Simroth, der ihr 1907 ein eigenes umfangreiches Werk (»Die Pendulationstheorie«) widmete. Simroth erweitert zunächst die schlichten geologischen Schlüsse Reibischs in einer für sich geistreichen, wenn auch, wie mir scheinen will, nicht immer glücklichen Weise, spielt aber dann die Hauptsache auf das Gebiet der Tierkunde und allgemeinen Entwicklungslehre über. Das uns bekannte Leben begann nach ihm einst in den Tropen. Es breitete sich zunächst also im ganzen Tropengürtel aus. Dann entführte aber die einsetzende Pendulation einzelne Arten mit ihrem Boden polwärts. Ein Teil ging im Kampf mit dem neuen Zonenklima ein, andere bogen wieder seitwärts aus, ein gewisser Stamm aber fand grade so die Anregung zu lebhafter Neuanpassung und Fortentwicklung. Der entschiedenste Schauplatz war dabei der meistbewegte Schwingungskreis, der über Afrika, Europa und den Stillen Ozean ging. Im Engeren blieb doch noch wieder das kleine Europa mit seinem reichen Wasser- und Landwechsel dem starren Block Afrika wie dem reinen Südseewasser über, – Europa ist, wie später die Hochburg der Kultur, so bereits seit Urtagen für Simroth das vorbestimmte Land aller Entwicklung gewesen, wobei die polaren Pendulationen besonders stark empor gesteigert zu haben scheinen, während die äquatorialen mehr in die Breite üppigen und abenteuerlichen Formen- und Größenspiels führten; man ahnt, daß im polaren Wege der Mensch entstanden sei, während auf äquatorialem die grotesken Riesensaurier lagen. Auch dieser Gedankenflug, dem Simroth den ganzen Schmuck seiner reichen Kenntnis und Phantasie verliehen, hat unverkennbar Verlockendes. Sicher bewährt, würde er nicht nur die Entwicklungslehre überraschend fördern, sondern auch der Pendulation eine große Hilfe sein. Aber diese Pendulation steht und fällt nicht mit ihm, und wir können die neue große Fachfehde der Zoologen und Botaniker, die sich unabhängig nun wieder daran geknüpft, hier ruhig als von unserm eigentlichen Thema zu weit fortführend auf sich beruhen lassen. Wesentlich sind dagegen noch ein paar Ideen Simroths zur Pendulation selbst.

Die einzelnen Schwingungsausschläge verteilt er genau auf unsere bekannten Epochen der Erdgeschichte. Im Altertum des Erdlebens (Paläozoikum) sollen wir polar gependelt sein, im Mittelalter (Mesozoikum) äquatorial, im Tertiär wieder polar, und heute soll's, wie gesagt, abermals äquatorial gehen. Nun waren aber diese Weltalter ganz ungeheuerlich an Länge verschieden: das älteste endlos gegen das mittelste, dieses mittlere aber wieder riesenlang zum Tertiär. Die Pendulationen, wenn sie sich dort deckten, müßten also in Wahrheit auch nicht regelmäßig, sondern ganz verschieden, einst langsamer und nachher immer schneller erfolgt sein. Das aber bringt auf die Frage, was überhaupt zur Pendulation geführt haben könnte, und hier hat Simroth nun einen ganz kühnen Einfall gehabt. Die Pendulation sollte auf einem uralten Stoß beruhen, den die Erde erhalten.

In einer der stets höchst witzigen und anregenden, wenn auch stofflich heute öfter veralteten Geschichten Jules Vernes kommt ein zweiter Mond der Erde vor. Mondfahrer, die in einem hohlen Projektil aus einer riesigen Kanone geschossen sind, werden von ihm aus der Richtung gelenkt. Jules Verne mit seinem Geschick des überall Herumstöberns stützte sich dabei auf eine halb vergessene und wissenschaftlich nicht durchgedrungene Rechnung eines französischen Physikers, der aus Mondstörungen wirklich auf das Dasein eines wegen Winzigkeit bisher unbeobachteten zweiten Erdmöndchens geschlossen hatte. Solches Möndchen sollte nach Simroth nun in Urtagen gar auf die Erde heruntergestürzt sein und in die damals noch dünne Kruste den Block eingeschlagen haben, der nachmals Afrika bildete. Ganz neu war auch diese Idee nicht, wie ich denn vor mindestens 30 Jahren schon einmal gelesen habe, Australien sei von einem Kometen abgesetzt worden. Jetzt bei diesem Stoß Simroths sei aber nicht nur überhaupt die Erde erst schief gestellt worden, sondern es schwankten seitdem auch ihre Achsen in der Weise gegeneinander, wie es die Pendulation ungefähr voraussetzt. Die Sache ist in Simroths Buch etwas reichlich unklar ausgedrückt, und Theodor Arldt hat sie in der Folge einer, wie man wohl sagen darf, vernichtenden physikalischen Kritik unterzogen.

Das Nachzittern eines solchen Stoßes über hundert und mehr Millionen Jahre fort bei ganz unfaßbar langsamen Anfangsausschlägen hat ja für das erste Nachdenken schon etwas Bängliches. Arldt zeigt aber, daß er nur die Erdbahn, Erdschiefe und tägliche Erddrehung hätte ändern, im übrigen aber präzessionsartige Gesamtschwankungen auslösen können, die mit Pendulation nichts gemein haben. Vorausgesetzt, daß ein sich nähernder Mond sich nicht überhaupt nach den vom jüngern Darwin entwickelten Gesetzen in Spiralwindungen bewegt und längst vorher in einen Meteoritenring aufgelöst hätte; und ganz abgesehen von den ungeheuren Schmelzwirkungen einer solchen Stoßkatastrophe. Simroth hat denn auch später selbst seiner kleinen Julesverniade eine etwas andere Wendung gegeben und bis zu seinem leider während des Kriegs erfolgten Tode einer magnetischen Hilfstheorie gehuldigt. Nachdem die Erde als kleiner Magnet durch einen Stoß verschoben war, sollte die Sonne als großer Magnet wieder in parallele Lage zu bringen bestrebt sein, was sich in der Pendulation äußere. Wird man bei der ganzen Pendulation schon bisweilen an des alten Adhémar Sintflutgemälde mit seinen Schwerpunktverlegungen erinnert, so wirkt es an dieser Stelle erheiternd genug, daß eben bei Adhémar gelegentlich auch bereits eine solche kosmische Magnetphantasie vorkommt: 1799 habe einer die Erde pendeln lassen, weil die Kometen ihren Magnetkern hin und her zögen. Reibisch selbst hat seine Ansicht von den wirkenden Ursachen der Pendulation übrigens bisher nicht veröffentlicht, und alles in allem wird man der ursprünglichen Theorie wohl nur nützen, wenn man die Stoßgeschichte wieder möglichst von ihr fortdenkt.

Unterdessen war aber längst noch wieder etwas Neues in die lehrreiche Debatte geraten. Arldt in jener kritischen Studie betonte, es gäbe immerhin noch eine vage Stoßmöglichkeit: wenn nämlich die Erde nicht einheitlich gebaut wäre, sondern mit ihrer Rinde gegen den Kern verschoben werden könnte. Dann könnte ein ganz flacher Stoß die Rinde vielleicht ein Stückchen weit über den ruhig weiter drehenden Kern geschoben haben, und indem Ausgleichsspannungen sie wieder zurückzögen, möchte wenigstens einmal etwas Pendulationsartiges entstehen. Er selbst maß auch dem keine große Wahrscheinlichkeit bei, aber man konnte vom Stoß absehen und doch in der Rindenverschiebung an sich etwas Fesselndes finden.

Dem Leser, dem vielleicht schon die Pendulation selbst etwas zu viel war, mag ja vollends hier grauln: nun sollen ihm nicht bloß die Achsen wackeln, sondern gar die ganze Erde sozusagen in Fleisch und Bein zu zwei Stücken zerbrechen, die übereinander klappern wie in einer japanischen Vexierkugel. Die Grundlage der Geschichte ist indessen wieder weit weniger toll, als es ausschaut.

Es kommt nämlich zunächst nur darauf an, wie man sich das Innere der Erde vorstellt, und darüber gibt es bekanntlich mehrere gut zu begründende Ansichten. Eine ziemlich gangbare nimmt allerdings nach unten zu eine geschlossene Folge aller Übergänge von Fest durch Flüssig zu Gasförmig ohne jede Trennungsfläche an, und an solcher Kugel, die praktisch als strenge Einheit zu gelten hätte, könnte sich nichts verschieben. Aber grade neueste Forscher von Ruf glauben auch wieder an einen festen Metall-(Eisen-)kern, auf dem eine oberflächliche Steinkruste liegt, die vielleicht in 1500 Kilometern Tiefe scharf abgesetzt und in der Sohle selber plastisch wäre. Unsere allerneuesten Rechnungen über Leitung der Erdbebenwellen im Erdinnern sprechen recht stark hierfür, und damit ginge es schon. Wie es aber oft mit der »Duplizität« von Entdeckungen ist, daß zwei zu gleicher Zeit auf gleiches kommen, so war fast zugleich (unbedeutend später) mit Reibischs erstem Heft ein schmuckes Buch erschienen, das wirklich die ganze Sache von hier aufzurollen versuchte. »Die Äquatorfrage in der Geologie«, von P. Damian Kreichgauer S. V. D., Lehrer der Mineralogie und Geologie in St. Gabriel bei Mödling in Niederösterreich, gewidmet dem hochwürdigen Herrn Generalsuperior usw. Das Werk stammt, wie man sieht, diesmal aus streng katholischem Kreise, befleißigt sich aber nach dem Vorbilde des bekannten vortrefflichen Vatikanastronomen Pater Secchi in allen kosmogonischen Fragen einer durchaus achtenswerten wissenschaftlichen Unbefangenheit.

Auch der Pater Kreichgauer, der an Kant-Laplace keinen Anstoß nimmt und geologisch überall im Bilde ist, geht gleich unserm kosmischen Ingenieur Reibisch davon aus, daß die Drehachse selber sich nicht geändert hat, wohl aber immer wieder andere Länder und Meere Drehpole und Äquator überkrochen haben. Das aber konstruiert er jetzt ernstlich so, daß der Erdkern seine Drehung behält, dagegen die Rinde auf ihm rutscht. Der Erdkern ist ihm flüssiges Eisen, da Druck die Metalle verflüssige. Darauf schwimmt die Rinde, unten nachgiebig und an ihren Spalten verschiebbar wie eine lose verbackene Eisschollenschicht. Sie in Bewegung zu setzen, bedarf's keiner Mondstöße, sondern nur der eigenen Schubkraft, wie sie durch ungleiche Belastung, Faltenwurf und zentrifugale Zerrung immer wieder erzeugt wird. Dann aber legt sie weite Strecken zurück mit allem, was auf ihr ist, – »Waldung, sie schwankt heran, Felsen, sie lasten dran«, wie es im »Faust« heißt. Und dem Pater entgeht nicht, daß auch so vermeintliche »Eiszeiten« entstehen müßten, wenn die treibende Bank andere Landschaften über die kalten Drehpole führt. Wobei er gewissenhaft verzeichnet, daß schon ein anderer vor ihm, der Jesuitenpater Kolberg, an solchen Rindenzug zur Erklärung gedacht habe, während ihn selbst doch die Pole weniger interessieren als der alte Äquator. Durch was für wechselnde Gegenden sich dieser Äquator in den Erdaltern gespannt, sucht er noch an den verklungenen Gebirgen abzulesen, die immer eine äquatoriale Falte geliebt, oder aus den Bändern roten Sandsteins, die, in der Wärme gebildet, heute noch uralte Gleicherzonen zu künden scheinen.

Da aber offenbart sich ihm nun vor seiner reisenden Schollendrift der Jahrmillionen keine auf und ab wippende Pendulation, sondern er meint, die ganze Rinde sei um und um getrieben, bis das Gebiet des alten Nordpols regelrecht zu dem des Südpols geworden, also für den äußeren Anblick die ganze Erdkarte sich auf den Kopf gestellt habe. Ich mußte, als ich's las, an verträumte Stunden mit August Strindberg denken, der bekanntlich ab und zu in paradoxer Naturgeschichte dilettierte: wie er mir einmal begreiflich zu machen suchte, der Mond drehe sich langsam von Pol zu Pol. In der Vision des Paters Kreichgauer erschien das leibhaftig für unsere ungeheure Erde, die zwischen Vor-Kambrium und Diluvium ihre Pole vertauschte. Manches in den verschiedenen Pollagen, das der Pendulation Kopfzerbrechen macht, gibt sich so in der Tat noch anschaulicher. In mehrerem ist aber doch auch wieder merkwürdig, wie der Pater unbewußt in Schritte lenkt, die auch der Ingenieur getan. Auch bei ihm schiebt sich die Rinde in ganz ähnlichem Hauptkreis über die Pole, von zwei Tropenstellen aus gedreht, die unmittelbar an Reibischs Schwingungspole erinnern, – bloß daß er seine Schollen freier treiben und ausbiegen lassen kann, als in Reibischs starrem System möglich wäre. Und die diluviale Eiszeit muß entsprechend auch er zeitlich zerstückeln, bis ihre nordamerikanischen Akte sich schon durch das ganze Tertiär ziehen. Hier aber war es nun wieder Simroth, der allen Ernstes eine nachträgliche Kombination aus Rindenrundfahrt und Pendulation selber versucht hat. In einem Nachtrag zu seinem Pendulationsbande meint er, auch die Pendulation könne schließlich ganz gut als eine reine Rindenbewegung, wenn schon eine bloß pendelnde, gedeutet werden, unter der unbeschadet der metallene Erdkern seine alte Drehung bewahrte, womit immerhin eine Brücke gegeben war, auch diese Pendulation irgendwie in Kreichgauers Sinn auf rein irdische Ursachen ohne kosmischen Roman zurückzuführen.

Simroth hat an der gleichen Stelle aber noch eine interessante Anlehnung gesucht.

Bei unserem geologiebeflissenen Pater ist, wie gesagt, seine Krustenbewegung im einzelnen viel willkürlicher: so läßt er sie z.B. im Tertiär und Diluvium nördlich eine richtige Kurve beschreiben, die den Eispol wirklich abbiegend über das arktische Amerika und rund um Grönland führt. Da möchte man fast fragen, ob nicht einzelne Krustenschollen hier gesondert herumgesteuert sein könnten. Auf diesem Gebiet ist aber nichts so paradox, daß es nicht auch einmal ernstlich verfochten werden sollte. Wenn nun ganze Erdteile sich geologisch von der Stelle bewegten, hin und her schwämmen, zerbrächen und in den Stücken voneinander abtrieben? Man braucht bloß an die Gebirgsfalten zu denken, um sich zu sagen, was für unheimliche Beweglichkeit jedem »Festlande« schon an sich innewohnt. Jede Falte muß soundso viel vorher flach gebreitetes Land zu sich herauf gestaut haben. Wieviel Ebene mag zusammengerückt sein, den ungeheuren Himalaja zu bilden, – die wieder herauskäme, wenn man seine Falten zurückglätten könnte. Man sieht schon auf dem Wege die einzelnen Länder geologisch vor- und zurückkriechen, wie ein Polyp seine Hangarme breitet und sich dann wieder zum Klumpen ballt. Aber das gliedert sich vielleicht nur in ein noch viel größeres Bild.

Wem ist auf der Karte nicht einmal aufgefallen, daß Grönland wie ein an einem Spalt abgerücktes Stück Nordamerika aussieht? Oder Südamerika, als sei es mit der Schere aus Westafrika herausgeschnitten? Die ganze Ostküste des Atlantischen Ozeans scheint sich auf der andern Seite gradezu fortzusetzen: Afrikas große Tafel in dem Tafellande Südamerikas, die Bruchzone unseres Mittelmeers in der mittelamerikanischen, Europas Ebenen in den Prärien, Skandinaviens Berge in den Bergen Grönlands. Alle neuere Geologie hat hier an versunkenes Zwischenland gedacht. Eine nordische und eine südliche Atlantis, die einmal untergegangen, während die Pfeiler hüben und drüben stehen blieben. Aber der Boden des Atlantischen wie aller Ozeane scheint nicht so einfach bloß auf versunkenes Festland zu weisen. Schweremessungen deuten eine andersartige, schwerere Gesteinsmasse da unten an. Es ist, als sei eine tiefere Schicht der Erdrinde hier überall angeschlagen. Die Erdteile scheinen sie voneinanderrückend einfach freigegeben zu haben wie den Grund einer ungeheuren gähnenden Spalte. Aber sie geht offenbar ganz in der Tiefe auch unter diesen Erdteilen selbst weiter. Im Meeresgründe oberflächlich vernarbt, ist sie da drunten plastisch-flüssig. Aus ihr quillt angeschlagen die heißflüssige Lava. Die Erdteile aber, kolossale Brocken viel leichteren Gesteins, wurzeln in diesem Tiefenfluß. Sie hängen darin lose im Gleichgewicht wie riesige Eisberge im Meer.

Dazu aber muß man sich nun noch einmal eine gewisse Theorie der Erdrinde überhaupt machen. Nife, Sima und Sal kommen in Betracht. Die Worte klingen ja zunächst wie aus der Mythologie der Edda. In Wahrheit hat sie unser größter zeitgenössischer Geolog, Sueß, zum eigensten praktischen Gebrauch geschaffen. Den Erdkern soll uns wieder eine Eisenkugel bilden, – sagen wir nach der Natur der Meteorsteine, die zum Teil vielleicht Trümmer solcher anderen Weltkörperkerne sind, aus Nickeleisen. Nickel mit Ferrum, d. i. Eisen, gibt abgekürzt Nife. Auf diesem Nifegrund erst ruhe die Rinde. Aber diese Rinde besteht zunächst selber wieder aus einer unteren schweren Schicht, in der Tiefe zähflüssig. Das ist jene, die unter den Meeresböden hergeht und in der die Erdteile stecken. Silizium (Kieselstoff) und Magnesium mögen sie wesentlich zusammensetzen, – daher Sima. Ursprünglich schwamm auf ihr einheitlich die oberste Decke, im Verhältnis zu dem schweren Fluß darunter schaumig leicht, etwa wie Eis oder Bimsstein. Silizium mit Aluminium als Hauptbestandteil, – daher Sal. Aber diese Sal-Decke zerriß früh schon in lose Brocken: das sind unsere Kontinente. Wo sie, durch Faltung gekürzt, sich trennten, Raum ließen, da bildete das vernarbte Sima die Ozeanböden. Die Festländer selbst aber hängen als Sal-Trümmer noch mit den Sockeln schwebend eingetaucht im flüssigen Tiefensima. Warum sollen sie nicht gelegentlich noch bis heute auf ihm sich auch bewegen, fortschwimmen, abtreiben können? So noch in gar nicht ferner Zeit erst Amerika von Europa-Afrika fort und Grönland wirklich von Amerika. Angeblich sollen sich sogar kleine jährliche Beträge herausrechnen lassen, um die dieses Auseinanderrücken gegenwärtig noch andauert.

Es sind Gedankengänge, die Alfred Wegener in Marburg so oder ähnlich gegeben hat (1912 in »Petermanns Mitteilungen«). Das »Prinzip der horizontalen Beweglichkeit der Kontinente« nennt er's. ihm selber erscheint's paradox, aber doch denkenswert. Natürlich gibt es mancherlei nahe Einwände dagegen, von denen er selbst einen hervorhebt: warum nicht jede Verschiebung der Erdteile heißflüssiges Tiefensima entblöße, das, ehe es selber zu Ozeanboden erstarrt, die entsetzlichsten Lavakatastrophen erzeugte. Er meint, unterseeische Lavaergüsse pflegten sanft zu verlaufen, in stärkeren Fällen der Urwelt aber habe wohl wirklich hier auch wilderer Vulkanismus angeknüpft, – wohl keine schlagende Erklärung. Aber vergegenwärtigen mag man sich auf jeden Fall, was auch das noch wieder in das Eiszeitproblem tatsächlich hineintragen würde. Schon jene einfache Faltenraffung könnte Länder heute weit vom Pol fortgezerrt haben, die einst ausgebreitet unter seinen Eiswirkungen lagen. Oder ganze Erdteile könnten mit der Eisschrift auf dem Buckel in die weite geschwommen sein, endlose Meere fürder zwischen sich und den Pol setzend. Denken wir uns so doch noch einmal in die Wunder der Permeiszeit zurück! Teile von Südamerika, Kapland, Indien, Australien hätten einst einen engverwachsenen Landblock gebildet, der damals dicht unter dem Südpol wurzelte und dessen Eisschrift empfing. Später aber wäre er gänzlich voneinander geschaukelt wie ein berstender wirklicher Eisberg, – ein Stück wäre bis ans heutige Südamerika geschwommen, eins in Australiens gegenwärtige Lage, eins wäre von Afrika zu sich gerafft und eins gar durch die kolossale Landeinziehung bei Gelegenheit

der Himalajafaltung bis in die Breite des heutigen Indiens geholt
worden. Überall an diesen fernen Stellen aber läsen wir vom mitge-
brachten Gestein noch die Schrift des Eispols. Ich sage nicht, daß es
ohne weiteres so war, aber verstehen könnte man, daß es auch so
einmal hätte werden *können*. Penck selber, der große Kenner der
südlichen Eiszeiten, hat der örtlichen Schollenverschiebung im Indischen Ozean den Rang einer brauchbaren Arbeitshypothese zuer-
kannt. Und so meinte denn auch Simroth, wenigstens die indischen
Gletscherspuren, die ihm so gar nicht in seine Pendulation passen
wollten, mit solcher Wegenerschen Zerrung aus dem Hauptspiel
herausdrängeln zu können.

Wir aber mögen hier wieder die Grenze sehen, wo für unsern
Zweck auch diese Theorien ungefähr abgeschritten sind. Man beherrscht die neue Fragestellung, merkt aber, wie auch sie noch nicht
ohne weiteres löst, sondern ein Heer neuer Vermutungen heraus-
zaubern muß, die alle ihr Glück, aber auch alle ihre Bedenken haben. Hinter den Pendulationen des Erdkolosses erscheint nach wie
vor das Pendeln der Gedanken, hinter der sich drehenden Kruste
und den schwimmenden Erdteilen das Schwimmen und Drehen
vermeintlicher und echter Beweisstücke. Gern aber, wie beim
Kampf um den wirklichen Nord- oder Südpol, folgt man den tap-
fern Männern, die, jeder in seiner Art, sich durch den Wust der
Widersprüche gekämpft.

So reich und unterhaltend diese Theorien wieder sind: man fühlt
doch, daß der Gedanke sich auch vor ihnen noch einmal auf die
Wanderschaft begeben konnte. Allerdings jetzt mit immer mehr
verengtem Kreis. Man kann die letzten kosmisch-astronomischen
Ideen, die an dem Pol hingen, auch noch über Bord werfen und
bleibt dann ganz bei der Erde, wie sie heute schwebt, wandelt und
sich dreht. In allen Zeiten ihrer Geschichte, wenigstens soweit Leben und Eiszeiten in Frage kommen, läßt man sie so schweben,
wandeln und sich drehen, genau wie heute. Und fragt bloß, ob nun
irdisch-geologische Gründe auf ihr selbst zu Eiszeiten geführt haben
könnten. Auch von Theorien gilt ja manchmal das alte: »Bleibe im
Lande und nähre dich redlich.« Lyell, von dem ich vorhin sprach,
hat seinerzeit mit höchstem Erfolg gelehrt, man solle auch bei den

scheinbar wunderbarsten Begebnissen der Vergangenheit naturgeschichtlich möglichst eine schlicht dem heutigen entsprechende
Ursache voraussetzen, ehe man durch alle Himmel und zu weltumstürzenden Wandlungen schweife, heute noch begibt sich bei uns
mancherlei, das doch im kleinen mächtig. Der Tropfen höhlt den
Stein, in Jahrtausenden verwittert der Fels, versandet eine Bucht,
hebt sich leise die Küste; auf geologische Zeiträume erstreckt, kann
das aber auch Ungeheures vielleicht erklären, vor dem man zuerst
fassungslos stand. Ob nun mit solchen einfach irdischen Mitteln
auch die ganze Eiszeit zu packen wäre ...?

Schon bei jenen kühnsten kosmischen Deutungen sahen wir gelegentlich einzelne Hilfserklärungen gleichsam kleine Anleihen hier
herüber machen. Das kosmisch bedingte diluviale Eis sollte immerhin verstärkt worden sein durch Ausbleiben warmer Strömungen.
Oder die Gebirge Skandinaviens sollten höher geragt und so bessere
Ausgangspunkte weitreichender Vereisung geboten haben. Das Eis,
einmal gegeben, sollte selber das Wetter verschlechtert haben, das
nun fortzeugend wie der Fluch der bösen Tat neues Eis aus sich
gebären mußte, wenn aber diese Hilfen *allein* schon gelangt hätten?

Hier ist zunächst ein Kreis ganz »zahmer« Theorien entsprungen.
Sie versteifen sich besonders auf jene besagten paar Grad Kälte
mehr, die es zu dem ganzen Diluvialeis bloß gebraucht hätte. Ob
man diese lumpigen sechs Grad oder noch nicht einmal soviel nicht
tatsächlich im Sinne Lyells aus einer ganz kleinen örtlichen Ände-
rung gegen heute erzielen könnte?

Wenn man eine Karte unserer gegenwärtigen Meeresströmungen
zur Hand nimmt, so gewahrt man im oberen Teil des Atlantischen
Ozeans ein wunderbares System sich gegenseitig bekämpfender
Warm- und Kaltwasserleitungen. Die großen tropischen Äquatori-
alströmungen, nach dem Erdgesetz der Passatwinde westlich ge-
drängt, stauen sich an den Antillen und in dem Mexikosack vor der
mittelamerikanischen Landbrücke und ergießen ihre abgelenkten
Heizwasser als wärmenden Golfstrom hoch hinaus bis gegen die
Westküsten Nordeuropas. Umgekehrt strömt es eisig kalt im La-
bradorstrom aus der Davisstraße und an Ostgrönland vorbei gegen
Nordamerika zu. Heute überwiegt in dieser seltsamen Kanalisation,
die den freien Ozean noch einmal wie mit ungeheuren Nutzadern

von besonderer Temperatur durchsetzt, für uns die wärmere Leitung. Aber man braucht nicht die Pole zu verlegen und die ganze Erde hin- und herpendeln zu lassen, wenn man sieht, daß schon ganz geringe Landverschiebungen, wie sie jede Geologie annimmt, an diesem natürlichen Heizsystem gründlich rütteln könnten. Wenn die Landenge von Panama aufbräche, stürzten jene tropischen Äquatorialfluten in den Stillen Ozean ab und der ganze Golfstrom hörte aus zu bestehen. In der älteren Tertiärzeit hat solches Tor fern da unten wirklich einmal bestanden, während es freilich im Diluvium selbst längst verrammelt war. Aber bis in dieses Diluvium hinein ragte wohl noch eine mehr oder minder schmale Landbrücke, die Europa von Schottland über die Färöer und Island an Grönland schloß. Auch dann muß der Golfstrom seinen Hauptberuf verfehlt haben, er konnte mit seinen Ausläufern nicht nach Norwegen durch, – umgekehrt aber würde ein Teil der eisigen Grönlandwasser sich hinter jener Atlantisbrücke sehr zu unsern Ungunsten gestaut haben. Erfolg mußte sein, daß an die skandinavischen Küsten immer wachsendes Polareis trieb, bis sich die Gebirge dort, ins Mark erkältet, mit Gletschern bedeckten wie Grönland selbst.

Wenn man aber zugleich wieder an die nicht auszusagenden Schuttmengen denkt, die dieses Skandinavien ebenso wie unsere Alpen während der Diluvialzeit selber ausgestreut und also verloren hat, so wird man abermals auch ohne Pendulationstheorie denken müssen, daß die Gebirgskämme dort anfangs überall noch ein Stück höher gelegen haben, gekrönt von dem festen Stein, der nachmals als zerbrochene Schuttflut ihren Flanken entrann. Für Skandinavien ist auch immer wieder erwogen worden, ob es nicht eben durch die beispiellose Last von über zwei Kilometern Eisdicke selbst erst gleichsam tiefer untergetaucht, also im Ganzen gesenkt worden sei. Auf jeden Fall muß aber diese höhere Lage ihrerseits zunächst die »Vergrönlandung« unterstützt haben. War aber einmal ein skandinavisches Grönland geschaffen, so mußte das wieder die bedeutsamsten Folgen für ganz Europa haben.

Das wirkliche Grönland bricht heute gegen die unabsehbar offene See mit ihrer geheimen Warmwasserheizung ab. Vor dem skandinavischen Grönland lag dagegen schutzlos das übrige Europa, in dessen Ebenen das Eis wie an einer schrägen Rutschfläche weithin einsinken konnte. Über dem wachsenden Eisfeld aber mußten sich bestimmte meteorologische, die auflagernde Luft und ihre Schichtung und Bewegung betreffende Verhältnisse geltend machen. Das Inlandeis mußte eine kolossale Abkühlung der Luft über sich schaffen, die sich im Sommer wie Winter als eine dauernde »Antizyklone«, wie der Meteorolog das nennt (Gebiet mit hohem Lustdruck im Innern), äußerte. Die tauenden Winde wurden abgehalten, die ganze Luftdruck- und Luftströmungslage Europas gegen heute auf den Kopf gestellt, – alles aber so, daß (der Gedanke tauchte bereits bei Croll auf) der Eiszustand sich selber tatsächlich immer neu regeln und weitererzeugen mußte. Gleichzeitig erhöhten die verlagerten schwachen Luftdruckzonen im südlicheren Europa die Niederschläge, es gab Regenzeiten und auf den Gebirgen auch dort mehr Schnee und anwachsende Vergletscherung, wie sie die riesigen Moränen (Schuttreste) der diluvialen Alpengletscher noch jetzt so anschaulich vor Augen stellen.

Ich fasse auch hier wieder verschiedene Einzeltheorien in ein möglichst einheitliches Bild zusammen. Im engeren findet man die Golfstromidee u. a. bei dem kenntnisreichen Kölner Astronomen Hermann J. Klein entwickelt, dessen Wetterwarte aus dem Dach der »Kölnischen Zeitung« mir persönlich noch zu den lebhaftesten Jugenderinnerungen gehört und dem man mit atemloser Spannung einst bei seinen wunderbaren Nachrichten von Veränderungen auf dem scheinbar grabesstarren Monde folgte. Während die meteorologischen und sonstigen Folgerungen am klarsten von Geinitz, zweifellos einem der allerbesten Kenner unserer europäischen Eiszeitspuren, neuerdings auch zusammengefaßt von M. Semper gegeben worden sind. Nach allem Gesagten wird der Leser aber die Achillesferse auch dieses »bescheidenen« Gedankengangs herausfühlen. Es stimmt alles verblüffend einfach, wenn man eben bloß bei Europa bleibt. Nordamerika fordert schon eine eigene unabhängige »Lokaltheorie«. Alles weitere aber wird überhaupt nicht erklärt. Nicht die äquatorialen Pluvialzeiten, nicht die Meyersche Mehrvergletscherung am Kilimandscharo und in Ekuador, nicht die Bipolarität. Das Rätsel der tertiären Wärme, die Lichtfrage werden gar nicht angeschnitten, die permische Eiszeit müßte wieder auf einem neuen Lokalzufall von damals beruhen. Nicht einmal die wärmeren Interglazialzeiten finden eine Stelle, wie denn charakteristischerweise grade Seinitz auch bis heute ihr hartnäckigster

Leugner geblieben ist. So sieht man, falls nicht noch überraschende neue Einfälle hinzukommen sollten, die »Bescheidenheit« zur »Armut« werden.

In gewissem Sinne wird es allerdings immer von Wert sein, diese reine Lokaldeutung bis in ihre letzten Möglichkeiten durchzudenken, denn sie wird stets eine Hilfstheorie »nebenher« sein. Wir sahen das schon bei Croll und sonst, aber es wird auf jede Erklärung, sei sie, wie sie sei, zutreffen. Auch wenn die Eiszeiten im ganzen eine noch so besondere Ursache für sich hatten, müssen doch örtliche geographische Ursachen, müssen engere, in der meteorologischen Lage begründete Dinge hineingewirkt haben. Man denke an das Bild irgendeiner kleineren Naturkatastrophe, etwa einer Überschwemmung, von heute. Ihr eigentlicher Anlaß mag in höheren Gewalten liegen: ihre örtliche Bahn wird sich doch nach gegebenen Flußnetzen richten, wird sich stauen vor einem in den Weg gestellten Gebirge, wird schlimmer oder leichter werden, je nach der Unterstützung oder Hemmung durch den Fleck, wo sie spielt. Der genius loci gleichsam, wie man im Altertum sagte, der Geist des Orts, wird seine Hand dabei haben. Ob eine warme Meeresströmung noch obenein fehlte, als es im Norden kälter wurde, oder ob zu einer im ganzen wärmeren Zeit auch noch (wie im zerstückelten Europa älterer Erdalter) ein ausgesprochen milderes Inselklima trat, das kann *nie* ganz belanglos gewesen sein und so auch nicht eine Forschung, die hierauf Gewicht legt. Gleichwohl versteht man, wie es locken mußte, auch rein irdisch und im Sinne Lyells doch noch wieder eine *universalere* Theorie aufzustellen, die auch reicheren Ansprüchen genügte. Der Charakterkopf, der hier auftaucht, gehörte zu den führenden Geistern neuzeitlicher Naturforschung. Sein entscheidender Gedanke aber reicht mit einer Vorgeschichte wieder über ein ganzes Jahrhundert zurück.

Jede Wissenschaft hat gelegentlich ihr Märchen, das sich vorübergehend in sie einschmuggelt. Wir sind bei unserem eigenen Stoff ja wohl schon durch mehrere Beispiele gegangen. Ein solches Märchen war aber in der neueren Geologie die ungeheure Kohlensäuremenge der Steinkohlenzeit. Man sah die mächtigen Kohlenflöze, durch Pflanzen zu Stein gebunden. All der Kohlenstoff mußte doch einmal in der Luft gewesen sein, aus der ihn die Wälder von damals erst langsam herausgefressen hatten. So kam die Legende von einer dicken Urwolke von Kohlensäure, die anfangs um die Erde gelagert habe, bis Pflanzenarbeit die Luft so weit reinigte, daß höhere Wesen atmen konnten. Das wilde Bild wurde gewohnheitsmäßig mit einer dauernden Bodenheizung und einer dieser Wärme verdankten Wasserdampfwolke verknüpft, auch sie so dick, daß die Sonne nur als rötlicher Fleck darin stand und im ewigen Dämmer bloß lichtscheues Tiervolk, Molche, Termiten und Kakerlaken ihr Wesen treiben konnten. In all diesen Ausschmückungen handelte es sich aber tatsächlich um ein Märchen, und es schien leicht, das zu beweisen. Neumayr hat in den 80er Jahren von geologischem Ideenschutt gesprochen, der da wieder abgeräumt werden müsse. Das Unhaltbare der Bodenheizung haben wir schon besprochen. In dem kellerartig überdicken Dampfdämmer hätte kein Farnblatt grünen können. Und speziell die Kohlensäureschwängerung müßte in diesem phantastischen Umfang alle Kalkschichten der Meere von damals chemisch aufgelöst und die Tierschöpfung von vornherein unmöglich gemacht haben. Steinkohle aber konnte sich auch ohne das bilden. Noch heute ziehen Pflanzenleichen, Gesteinsverwitterung und organische Kalkbildung beständig eine Menge Kohlensäure aus der Luft, im gleichen Prozentverhältnis ersetzt sie sich indessen wieder aus den natürlichen Gasausströmungen, die jeden vulkanischen Ausbruch begleiten, abgesehen von geringeren Quellen. Warum soll dieser einfache Wechsellauf nicht von je bestanden haben? Das Märchen schien für immer eingesargt, und doch sollte in ihm, wie so oft, noch eine sehr merkwürdige Anregung stecken.

Allgemein lenkte es ja den Blick auf etwas, das wir bei all unsern Eiszeitbetrachtungen bisher noch nicht erwogen haben, obwohl es geologisch auch stets mitgespielt haben muß: – nämlich die chemische Zusammensetzung unserer irdischen Lufthülle. Es ist rund jetzt hundert Jahre her, daß der Physiker Fourier über diese Lufthülle eine überraschende Lehre aufstellte. Pouillet und Tyndall haben sie nachher vervollkommnet. Ihr Sinn aber betraf ein Wärmeverhältnis. All unsere Erdwärme erhalten wir von der Sonne. Wie wir sie indessen *behalten*, dazu spielt diese Lufthülle entscheidend mit. Sie wirkt nämlich wie die Scheibe eines Treibhauses. Gleich solcher läßt sie das helle wärmende Sonnenlicht, das von oben einfällt, die »helle Wärme« gleichsam, unbehindert bis zu ihrem Erdengrunde durchströmen; wenn aber von der erwärmten Erde nun die »dunkle

Wärme« wieder zurückströmen möchte, so wehrt sie dem Flüchtling den Paß, ganz genau wie die schützende Treibhausscheibe einer inneren Ofenheizung. Seltsam nun aber: diese Glasrolle der Luft, so unendlich segensreich für uns, hing selber wieder an ihrer chemischen Zusammenmischung. Zwei verhältnismäßig geringe Bestandteile in ihr stellten sie erst im engeren her: nämlich eben der in ihr schwebende Wasserdampf und die Kohlensäure.

Unwillkürlich denkt man dabei doch noch einmal an das Märchen zurück. Gab es damals wirklich einen auch nur um weniges dickeren Kohlensäure- und Wasserdampfgehalt in der Luft, so hätte man die zweifelhafte Bodenheizung entbehren können. Das verdickte Glasfenster hielt dann allein schon so viel Sonnenwärme mehr zurück, daß die Erde sich darunter wie in einem Treibhause erhitzen mußte. Dabei hätte aber der Wasserdampf (den man ja überhaupt nicht *zu* dick machen durfte) schon als ein Ergebnis dieser Wärme selbst gelten können, und man käme auf die Kohlensäure als den Grundheizer. Mehr Kohlensäure damals, mehr Wärme ...

Es war im Jahre 1895 zu Pavia de Marchi, der hier die Frage aufwarf, ob in dem abgetanen Märchen nicht doch noch ein Kerngehalt gesteckt haben könnte. In der Erdgeschichte wechselten wärmere mit kälteren Perioden. Wenn das nun bei völlig gleichbleibender astronomischer Erdstellung und Sonne doch irgendwie auf eine solche »Fensterfrage« unserer Erde gegenüber der Sonne hinausgelaufen wäre? Mit andern Worten: ob sich nicht die Durchlässigkeit unserer Atmosphäre für Wärme periodisch im geologischen Lauf geändert haben könnte? De Marchi selbst ließ dabei offen, was der eigentliche Regulator gewesen sein sollte. Hier aber zog jetzt ein viel Bedeutenderer die Folgerung: Svante Arrhenius erklärte bereits im nächsten Jahr (1896) in einer Abhandlung des englischen Philosophischen Magazins die Kohlensäure unmittelbar für den geologischen Proteus, dessen Verwandlungen den ganzen Klimawechsel der Vergangenheit von den ältesten Tagen an bedingt hätten.

Svante Arrhenius, nicht zu verwechseln mit dem gleichnamigen schwedischen Botaniker von Ruf, ist geboren am 19. Februar 1859 zu Wijk bei Upsala, hat aber in seinem Bildungsgang eine vollgültige deutsche Schulung für sein Spezialfach, die Elektrochemie, genossen. Er wirkt heute auf der Höhe seiner Kraft an der Universität

Stockholm. In reifen Jahren noch zu immer umfassenderen Fragen der Weltphysik vorgeschritten, hat er bis in weiteste Kreise Aufsehen gemacht durch seinen großzügigen Versuch, den Kant-Laplaceschen Gedanken durch ein vertiefteres »Werden der Welten« zu ersetzen. Über den wunderbaren Druck, den, entgegengesetzt zur Schwere, der Lichtstrahl selber ausübt und durch den sich der Stoff in die fernsten Abgründe des Raumes vertreibt; über die Unsterblichkeit des Lebens in diesem Raum; über die ewige Selbstwiedererweckung des Alls gegenüber dem arbeitlähmenden Weltentod durch Wärmeausgleichung (Entropie) und wieviel anderes mehr hat er, auch vom Gegner bewundert, eine funkelnde Fülle genialer Gedanken ausgestreut. Man durfte auf jeden Fall eine große Anregung erwarten, als grade dieser reiche Geist sich auch an die Eiszeitfrage zu rühren vermaß.

Das Märchen klingt auch bei Arrhenius nur eben an. Im Uranfang hat es wohl wirklich noch etwas mehr Kohlensäure gegeben, die dann langsam erst abgebaut wurde, aber hier liegt nicht das Entscheidende. Von gewisser früher Zeit an hat das Wechselverhältnis von Kohlensäureverbrauch und Kohlensäureersatz jedenfalls auch geologisch bereits gewaltet, ohne daß mehr da war, als auch die Tiere vertragen konnten. Gleichwohl ist der Ausgleich noch gewissen Schwankungen in den geologischen Epochen unterlegen gewesen. Zuzeiten war etwas mehr erzeugt worden, als gleich verbraucht werden konnte, zu andern hatte die Nachfrage die Produktion übertroffen. Je nachdem aber hatte sich das atmosphärische Treibhausfenster mehr geschlossen oder aufgetan. Erfolg: die Gesamttemperatur der sonnenbestrahlten Erdoberfläche war dort etwas herauf-, hier etwas heruntergegangen. Dort wärmere Zeit (z.B. Tertiär), hier kühlere (Perm oder Diluvium). Unzweideutig: man stand vor einer neuen Eiszeittheorie. Einer rein irdischen ohne jede astronomische Zutat. Aber einer ebenso unverkennbar universalen.

Svante Arrhenius, der Chemiker, überraschte dabei durch seine Einzelrechnungen. Keine Rede von den Überschwänglichkeiten des Märchens, und doch kleine Ziffern, die Räder der Weltgeschichte drehten. Nähme man alle Kohlensäure aus unserer Luft fort (sie beträgt bloß 0,03 Volumprozent darin), so würde die Temperatur der Erdoberfläche um etwa 21° sinken. Da infolge der so entstandenen größeren Kälte aber auch der freie Wasserdampf abnähme, der gleichen Wärmeschutz wie die Säure gewährt, käme die Erwärmung noch einmal um fast ebensoviel herunter. Man sieht auf den ersten Blick die ungeheure Abhängigkeit unserer wirklichen Sonnenheizung von dem Kohlensäurefenster. Soweit aber braucht man nicht entfernt zu gehen. Schon bei einer Teilsumme, die das organische Leben von sich aus noch keineswegs bedrohte, müßte ein Klimasturz von 5-6 °C eintreten, also genug für eine diluviale Eiszeit. Während umgekehrt ein gewisses Anwachsen tertiäre Wärme sicherte. Dort etwas schlechter geschlossenes Fenster, hier Ausnutzen des ganzen Scheibenschutzes. Die Folgen aber die bekannten riesigen: dort europäisches Binneneis, hier Kokospalmen in Deutschland. Mit nur etwas Schiebung in jenen 0,03 Volumprozent. Daß aber an sich kleine Schiebungen möglich sind, beweist schon die gegenwärtige Tätigkeit unserer Industrie, die in den letzten hundert Jahren merkbar hineingearbeitet haben muß. »Der Kohlensäuregehalt der Luft ist so unbedeutend, daß die jährliche Kohlenverbrennung, die jetzt (1910) ungefähr 1100 Millionen Tonnen erreicht und rasch anwächst (sie betrug im Jahre 1860 140, 1890 510, 1894 550, 1899 690, 1904 890 und 1910 1100 Millionen Tonnen), der Atmosphäre etwa ein Sechshundertstel ihres Kohlensäuregehaltes zuführt. Obgleich das Meer durch die Absorption von Kohlensäure hierbei wie ein mächtiger Regulator wirkt, der ungefähr fünf Sechstel der produzierten Kohlensäure aufnimmt, so ist es doch ersichtlich, daß der so geringe Kohlensäuregehalt der Atmosphäre durch die Einwirkung der Industrie im Laufe von einigen Jahrhunderten merkbar verändert werden kann.« Daraus ergibt sich, daß keine Stete im Kohlensäuregehalt besteht, sondern auch geologische Ungleichheiten wahrscheinlich sind. Fragt sich bloß, wer sie dort im natürlichen Hergang bewirkt haben könnte. Darüber aber kann nach dem oben Gesagten wieder kein Zweifel sein. Die nachhelfende Quelle der natürlichen Kohlensäure sind immerzu die Vulkane der Erde gewesen, besonders in den sogenannten Mofetten (man denke an den vergiftenden Hauch der berühmten Hundsgrotte bei Neapel) und den Kohlensäuerlingen, die den großen Ausbrüchen noch lange und zäh nachfolgten. Hier waltet von je rastlos ein natürlicher Entgasungsvorgang der Innenerde selbst. Soll es also zeitweise zu einem Mehr gekommen sein, so muß ein *periodisch verstärkter Vulkanismus* als die Ursache gedacht werden.

Wir haben früher schon einmal gesehen, wie der Vulkanismus leise anpochte bei den Eiszeitdeutungen. Hier erscheint er selbst als der Wärme-, nicht als der Kältezauberer, indem er Kohlensäure einblies und damit der Erde zeitweise bessere Treibhausfenster einsetzte. Aber ein nächstliegender Gedanke zeigt, daß er wenigstens indirekt auch wieder Kälteperioden einleiten möchte, die den wärmeren folgen mußten. Der Vulkanismus ist, wenn auch nicht die eigentliche Ursache, so doch vielfach der Vorbote neuer Gebirgsbildungen auf Erden. Wo die Erdrinde sich zu neuen Bergfalten staut, da pflegen gewaltige Bodenverschiebungen voraufzugehen, an deren Bruchspalten die entlasteten Lavamassen der Tiefe aufbegehren. Neue Gebirgsbildung aber schafft für ihr Teil bald unendlichen Verwitterungsschutt, der im feuchten Klima umgekehrt jetzt reichlich Kohlensäure bindet. Im warmen Meer schreitet entsprechend die tierische und pflanzliche Kalkbildung mit ebensolcher Bindung rasch fort. Der Pflanzenwuchs aber nimmt einen ungeheuren Aufschwung, sich breitend in der feuchten Wärme und gemästet gradezu vom frisch erschlossenen Vulkan- und Verwitterungsboden wie von der vermehrten Luftkohlensäure selbst. Das alles versteinert gleichsam Säure, zieht sie wachsend wieder aus der Luft heraus, um sie erneut im Boden einzusargen. Aus dem eigenen Übermaß gräbt die Kohlensäurezeit sich selber ihr Grab. Läßt jetzt die vulkanische Quelle eine Weile nach, so öffnet sich das Fenster und ein allgemeines Sinken des Klimas wird unvermeidlich: Eiszeit. Bis abermals eine Periode von Vulkanismus das Spiel neu beginnt. So regelt eins das andere in ewigem geologischem Wechsel. Warme und kalte Kapitel müssen sich unablässig folgen in dem verhängnisvollen Lauf der Erdgeschichte, – Zeiten rot von Lava, mit neuen blauen Bergen, mit unendlichem Pflanzengrün des Urwaldes und ragenden Korallenriffen, – und Zeiten des erdteilweiten Binneneises, der erloschenen Krater, der zerbröckelten Bergruinen, der kargen Moossteppe am Gletscherfuß.

Was Arrhenius als Chemiker nicht so vermochte, das hat ein anderer, Geolog von Beruf und begeisterter Anhänger zugleich der Idee, in den wirklichen Verlauf der geologischen Entwicklung hier Stufe für Stufe hineinzuzeichnen versucht, – Fritz Frech in Breslau, der verdiente Mitbearbeiter jener umfassenden Lethaea, den jetzt

leider der verheerende Weltkrieg mitten aus der Arbeit dahinge-
rafft.

Zweimal mindestens, meint Frech, zeige sich jener ganze Kreis-
lauf wirklich aufs anschaulichste geologisch entwickelt. Nachdem
in den algonkisch-kambrischen Vortagen, wo wir zuerst von Eis
hören, vielleicht schon einmal ein ganzer Zyklus abgelaufen, wachsen im Silur und Devon (also gegen die Steinkohlenzeit zu) die
vulkanischen Ausbrüche, heute noch im Diabasgestein verewigt,
wieder gewaltig an. Entsprechend steigert sich ständig das Klima:
es steht offenbar andauernd unter dem Treibhausglas. Eine gleich-
mäßige Wärme umspannt die Erde, von allen Zonengegensätzen
frei ist die Tierwelt im Meer (Korallenbauten gehen bis gegen den
Pol), die farnhafte Pflanzenwelt zu Lande gedehnt. Die Pole selbst
sind frostlos, der Äquator doch nicht überheizt, da der Wasserdampf in Wolken- und Nebelgestalt die allzu strenge Strahlung dort
sänftigt; die allgemeine Klimabesserung kommt wesentlich den
gemäßigten und kalten Zonen zugut. Gewiß steht der Kohlensäuregehalt auch so nicht bei den Märchenmaßen von 30 und mehr Pro-
zent. Frech denkt an 8-9° Wärme mehr in der Nähe der Pole als
vollauf genügend. Unter solchen guten Zeichen beginnt dann die
Steinkohlenzeit selbst, in ihr aber schlagen die Dinge jetzt entscheidend um.

Einerseits nehmen die vulkanischen Ereignisse und damit die Zu-
schüsse aus dem großen Grundgasometer eine ganze Weile fast bis
zum Erlöschen ab. Andrerseits ziehen Kohle- und Kalkbildung, vor
allem aber die chemischen Verwitterungsvorgänge jetzt wirklich
fortgesetzt und zunehmend ungeheure Kohlensäuremengen aus
dem Luftbestande heraus. Durchaus im Sinne der Theorie setzt
diesmal eine riesige Gebirgsbildung ein. »In der Mitte der Karbon-
zeit (Steinkohlenzeit) entstanden im mittleren und westlichen Europa ausgedehnte Hochgebirge, und der Aufwölbung folgte eine
verhältnismäßig rasche Erniedrigung dieser mitteleuropäischen
Alpen. Hand in Hand mit der Abtragung durch Wildbäche, Berg-
stürze und fließendes Wasser geht die chemische Umwandlung der
massenhaft von den Höhen in die Niederungen verfrachteten Ge-
steine, deren Hauptbestandteil Kieselsäureverbindungen (Silikate)
bildeten. Das feuchte Klima bedingt eine rasche Karbonatisierung
(d.h. eine Verdrängung der Kieselsäure durch Kohlensäure) dieser

kieselsauren Verbindungen und somit in Kombination mit Kalk- und Kohlenbildung einen Verbrauch an Kohlensäure, wie er wohl selten in der Erdgeschichte stattgefunden hat.« Dabei erstreckte sich die Gebirgsbildung nicht, wie die Worte glauben lassen könnten, bloß auf Europa: an jenes variskische Gebirge, das alpenhaft von den Sudeten bis Südfrankreich durch ganz Mitteleuropa zog, schloß sich im sogenannten armorikanischen eine Kette, die über eine Atlantis bis Nordamerika reichte, und so fort.

Folgerichtig aber sehen wir nun um die Wende zur Permzeit Kälte sich anmelden. Die permische Eiszeit erfolgt, – – genau am rechten Ziel. Die Kohlensäure ist hochgradig erschöpft, das Fenster klafft, die Wärme strömt, alles weithin erkältend, unbehindert ab. Bis endlich die Vulkanschlote neu zu arbeiten beginnen und von unten herauf abermals Gas blasen, unter dessen neuem Treibhausschutz sich jetzt die großen Scheusale der Drachenzeit im Mittelalter der Erdgeschichte wieder wohlig fühlen können wie die Krokodile hinter den Scheiben unserer geheizten Aquarienbecken. Bereits im Perm selbst (in der Epoche des sogenannten mittleren Rotliegenden) fanden auf der Nordhemisphäre gewaltige Neuausbrüche statt. Rieseneruptionen der Trias- und Juratage (neuerlich immer deutlicher geworden) vervollständigten dann besonders in Amerika das Werk. Jedenfalls blühte gegen den Jura zu wieder Paradies bis zum Pol. Der Ausgang dieser warmen Mittelepoche bleibt allerdings etwas undeutlich. In die Kreidezeit hinein machen sich Zonenunterschiede geltend, als ginge das Klima erneut rückwärts. Das Aussterben der Drachen mag damit zusammen hängen. Doch ehe es auch diesmal zu einer Eiszeit kommt (die Gebirgsbildung fehlt hier in der Kette), qualmen bereits wieder frische Massenausbrüche empor, wie die kolossalen Basalte des indischen Dekhan, die den Luftgehalt offenbar genügend angereichert haben. Und jetzt folgt im Tertiär der zweite ganz reine Beweiszyklus.

Im ältesten Abschnitt, dem Eozän, Tropenpracht bis zu uns, in Grinnelland Sumpfzypressen. Im zweiten, dem Oligozän, abermals etwas Abstieg. Da platzen die bekannten enormen Basaltergüsse des Mitteltertiärs los, und unverzüglich stellt sich im Miozän noch einmal ein Abglanz wenigstens des Paradieses her. Indessen nicht auf lange. Diesmal ist nämlich wirklich wieder eine ganz große Gebirgsbildung Hand in Hand, deren Verwitterung nachhelfen kann. Die Alpen, die Kordilleren, der Himalaja heben sich und verwittern schon, derweil sie steigen. Alles ist also neu verbündet gegen die Kohlensäure, genau oder noch auffallender wie in der Steinkohlenzeit, und schon senkt sich auch im letzten Tertiär in reißendem Temperatursturz das Klima. Schluß: die diluviale Eiszeit, – das Fenster stand wieder weit offen. Der Vulkanismus hatte eine Weile wieder deutlich pausiert. Schon im Jungtertiär werden die Vulkanspuren dünn. Das Diluvium selbst aber ist für Frech ausgesprochenster Stillstand. »Zwei verschiedene Beobachtungsreihen, einerseits das Fehlen eruptiven Materials in Ablagerungen der Gletscher (den Moränen und Sanden), andrerseits die landschaftlichen Formen der jüngeren Vulkanberge, führen zu demselben Schlusse. Der bezeichnende Typus eines während der Eiszeit tätigen und gleichzeitig durch starke Schneeschmelze erniedrigten und abgetragenen Vulkanberges ist außerordentlich selten. Die zahlreichen geologisch jungen, aber nicht mehr tätigen Vulkane von bedeutender Höhe zeigen ganz vorwiegend steile Neigungswinkel und sind somit erst nach der Eiszeit gebildet.« Bis sich jetzt auch da wieder etwas regt. Noch in geschichtlicher, ja jüngster Zeit hat der Vulkanismus unverkennbar erneut zugenommen. Die Gasfabrik arbeitet wieder. Und so leben wir auch schon in wärmere Tage hinein, das Treibhausfenster ist abermals geschlossen, und wer weiß, wann wir wieder Kokosnüsse am Rhein und Walnüsse in Spitzbergen ernten werden.

Unmöglich kann man die glänzenden Seiten auch dieser Theorie verkennen, die man nach dem Muster der Kant-Laplaceschen als die Arrhenius-Frechsche zu bezeichnen pflegt. Ohne die Wagnisse der Astronomie, die am Globus rückt, gibt sie eine geologisch ganz große und einheitliche Linie, löst spielend die Kältezeiten wie die Wärmezeiten, erfindet nicht Hilfshypothesen zum Zweck, sondern knüpft an wirkliche Periodizitäten, wie den Vulkanismus und die Gebirgsbildung, an. Grade durch letzteres erweckt sie sogar die Hoffnung auf ein noch zu findendes tieferes Gesetz. Denn wenn es eines Tages glückte, für Vulkanismus und Gebirgsbildung eine tiefere Notwendigkeit – etwa in Perioden der sich zusammenziehenden Erde – zu entdecken, so wäre man auch mit ihr noch ein Stück weiter, wäre auch nur genau das Bild durchführbar, wie es Frech für Steinkohle und Tertiär aufgerollt, so würde geologisch alles Beste dessen erfüllt sein, was man eine Arbeitshypothese nennt, – also ein vorläufig einmal zugrunde zu legender Faden, der Erfolg verspricht. Noch mit dem Schwänzchen, daß aus dem Gedanken etwas Optimistisches lacht. Mögen uns Kulturleuten von heute noch so viel Vulkankatastrophen nach dem Muster von Pompeji oder Martinique zeitweise die Kreise verkehren: eigentlich wäre es doch nur das nötige Zeichen dafür, daß die Natur uns schon wieder die große Treibhausscheibe einsetzt, die Berlin oder Stuttgart unter Palmen bringt, nachdem unsere Altvordern Mammute jagen mußten. »Man hört,« so sagt uns Arrhenius, »oft Klagen darüber, daß die in der Erde gehäuften Kohlenschätze von der heutigen Menschheit ohne Gedanken an die Zukunft verbraucht werden; und man erschrickt bei den furchtbaren Verwüstungen an Leben und Eigentum, die den heftigen vulkanischen Ausbrüchen in unserer Zeit folgen. Doch kann es vielleicht zum Trost gereichen, daß es hier, wie so oft, keinen Schaden gibt, der nicht auch sein Gutes hat. Durch Einwirkung des erhöhten Kohlensäuregehaltes der Luft hoffen wir uns allmählich Zeiten mit gleichmäßigeren und besseren klimatischen Verhältnissen zu nähern, besonders in den kälteren Teilen der Erde; Zeiten, da die Erde um das vielfache erhöhte Ernten zu tragen vermag zum Nutzen des rasch anwachsenden Menschengeschlechtes.«

Erst wenn man sich von einer gewissen Sturzwelle der Überraschung wieder frei gemacht, wird man dafür zugänglich, daß auch diese geistvolle Idee nicht alles löst, also einstweilen auch noch stark der Kritik unterliegen muß.

Es ist ihr Zauber, daß sie von einem höchst scharfsinnigen Chemiker ersonnen und einem kundigen Geologen auf die Tatsachen angewendet worden ist. Aber gerade so muß sie sich auch den Doppelangriff von Chemikern und Geologen gefallen lassen. Auf der einen Seite ist Arrhenius' engere Kohlensäurerechnung angezweifelt worden. Eine sehr beträchtliche Abnahme der Kohlensäure könne zwar das Klima gegen heute etwas herabsetzen, niemals aber könne eine Zunahme es bei uns tropisch machen. Denn jene wärmeerhaltende Kraft der Kohlensäure habe ihr bestimmtes Maß, wo sie alle verfügbaren Strahlen zurückhalte. Das aber sei bei dem heutigen Zustande schon überreichlich erfüllt. Für ein Mehr seien gar keine Strahlen da. So könne auch noch soviel Kohlensäure mehr nichts weiter nützen: das Treibhausfenster, bei heutiger Dicke vollkommen, sei mit noch soviel Zusatz an Dicke nicht auszubessern, sondern leiste nur grade ebensoviel. Wenn das wahr wäre, fiele mindestens der universale, Tropentage wie Eiszeiten bei uns gleichmäßig gut erklärende Zug der Theorie dahin. Es muß aber gesagt werden, daß die Debatte schwebt und Arrhenius seine Rechnung im ganzen Umfang aufrecht erhalten hat.

Geologisch gilt wohl als das schwerste Bedenken, daß jene parallele Periodizität des Vulkanismus nicht in dem Maße stimme. Die Eruptionen sollen viel regelloser durch die geologischen Zeiten verteilt sein, nicht immer bloß mit den warmen gehen. Oder sie sollen sich trotz Frech grade gegen die kalten häufen. Da müßten am Ende gleich die Eiszeiten selbst an den Eruptionen liegen. Und man ist auch dazu mit Gegentheorien nicht müßig gewesen, die nun Arrhenius-Frech im eigenen Felde zu schlagen suchten, indem sie auch von dem Vulkanismus ausgingen, aber wieder umgekehrt schlossen. Ich habe schon einmal die gelegentliche Idee der Vettern Sarasin erwähnt, daß der Vulkanismus zeitweise mit seinem krakatauahaften Aschenstaub die Sonne abgeblendet und das Klima kühl gemacht haben könnte. Aber die großen Vulkanexplosionen treiben alle Male auch kolossale Säulen von Wasserdampf in die Luft. Für Arrhenius würde das nur die Wärme noch steigern. In solcher kühlen Zeit aber sollte es zu Pluvialperioden und Schneezeiten geführt haben. Eine schon ältere Theorie meinte sogar mit solchem Vulkandampf allein, der an himmelhohen Gebirgen zu Gletschereis wurde, zur Eiszeit zu kommen, und der Gedanke hat wenigstens als Hilfshypothese immer wieder gefesselt. Im ganzen nähert man sich hier offenbar wieder dem Meister Hildebrandt, bloß ohne Kosmisches. Ich will nun nicht behaupten, daß diese Gegentheorien an sich überzeugender wären. Aber man sieht wieder auf die leise Gefahr der Idee, die aus ungefähr gleichen Voraussetzungen noch die extrem gegensätzlichsten Schlüsse zaubert. Der ganze »Vulkanismus in der Geologie« ist eben doch noch nicht so geklärt, wie Frech sich dachte.

Gar keine Deutung gibt aber Frech jedenfalls für die immergrünen Wälder innerhalb der langen Polarnacht, – wie will er sie auch mit ein paar Grad besser erhaltener Sonnenwärme mehr über die Schauer der ganz sonnenlosen Monate bringen; hier scheint mir noch ein grundlegender Einwurf zu stecken. Und erklärt wird ebensowenig das Rätsel in der geographischen Lage der Permvereisung, – gingen ihre Gletscher eines allgemeinen Klimasturzes wegen wirklich über den Äquator, so hätte damals wohl die ganze Erde unter Eis liegen müssen. Andrerseits wäre es allerdings schon ein Gewinn, wenn auch nur die geologische Reihenfolge, wie Frech sie so anschaulich zu machen wußte, ungefähr zu Recht bestände. Man könnte dann fragen, ob nicht der eine oder andere Ursachenposten darin noch durch einen besseren bisher unbekannten ersetzt werden könnte. Wenn auf starken Vulkanismus wirklich immer wärmere Zeiten und auf lebhaften Pflanzenwuchs und große Gebirgsverwitterung immer Kälte gefolgt wäre, so könnten wir hier einer entscheidenden Sache auf der Spur sein, auch wenn selbst der von Arrhenius eingefügte hypothetische Faktor der Kohlensäure als solcher nicht stimmte. Oder es könnte sogar in der Reihenfolge selbst noch verschoben und gebessert werden: immer doch sähen wir eine große Linie. Wem also die astronomischen Fragen zu weit und die Polschiebungen zu verwegen sind und wer gleichwohl eine umfassende geologische Schau möchte, der wird doch wohl irgendwie hier das Schifflein seiner Eiszeitgedanken anketten müssen.

Wobei ich noch ein Wort zu der Zukunftshoffnung sagen möchte. Im ganzen klingt hier ja wieder etwas von jenem »Unmittelbaren« aller Wetterphilosophie durch. Wird das Klima besser werden, unsern Enkeln reichere Ernten schenken? Wir haben gesehen, wie die verschiedenen Eiszeittheorien hier ganz verschiedene Antworten geben. Bei Reibisch pendeln wir Europäer bereits seit Jahrtausenden wieder äquatorwärts, während allerdings den Nordamerikanern der Boden unter den Füßen tückisch, zum Pol läuft. Bei Dubois stecken wir dagegen alle miteinander bloß in einer verdächtigen Interglazialzeit, an deren Ende uns recht jämmerlich wieder der Eisriese holen könnte. Ich denke nun, wenn man im allgemeinen, auch unangekränkelt von einzelner Theorie, auf die Erdgeschichte zurückschaut, sieht, wie dort eine schier unabsehbare Folge der Jahrmillionen eine stärkere Wärme hat, nur durchbrochen von wenigen und kurzen Eiszeiten, – so wird man für wahrscheinlicher halten, daß auch wir, die eben aus solcher Eiszeit kommen, abermals auf »Wärmer« losmarschieren. Es hat etwas Anschauliches in diesem Sinne, daß unsere gegenwärtigen weißen Polarkappen bloß noch gleichsam abnorme Überreste unserer letzten Eisperiode wären, die abklingen werden, wie die große südliche Pluvialperiode wohl noch geschichtlich vor unsern Augen abgeklungen ist. Dann gäbe es in der Zukunft wirklich einmal jene nordwestlichen Durchfahrten da oben, die man in Franklins Tagen so schmerzlich suchte und dann mit Eis verbarrikadiert fand. Und wer will eine Volkswirtschaft ausdenken, die ohne die Schäden der Tropen ihren Segen bei uns erntete?

Aber zu alldem muß eines unabänderlich gesetzt werden, das auch auf Arrhenius im ganzen Umfang zutrifft. Man darf sich, auch wenn solche Dinge wahr sind, nicht dem Glauben an eine unmittelbare Nähe hingeben. Das Neuheranrücken solcher Klimaperioden geht mit geologischem Maß, und das ist, an kleinem Menschenmaß gemessen, ungeheuer. vom Ausgang der diluvialen Eiszeit trennen uns erst vielleicht 30 000 Jahre, – bis zum echten Tropentertiär zurück aber sind's sicher über zwei Millionen. Danach mag man sich die Wiederkehr ausrechnen. Es scheint gesorgt, daß wir noch etwas Spielraum zur Vorbereitung auf die neuen Palmen haben. Inzwischen dürften wir noch durch zahllose Ketten kleinerer Klimaschwankungen gehen, wie sie die Brücknersche und vielleicht einige noch etwas längere ausdrücken. Wenn ein denkender Beobachter (Wilhelm Schuster), dem kleine Anzeichen von nordwärts gerichteten Tierwanderungen in unsern Tagen auffielen, das Wort von einer »neuen Tertiärzeit« geprägt hat, so dürfte das auch nicht so wörtlich zu verstehen sein, sondern mehr mit Bezug auf solche wärmere Zwischenschwankung, die von dem feinen »inneren Thermometer« der Tiere schon vorgefühlt würde, ehe wir sie beachteten. Und vielleicht ist es ein besserer Maßstab für die wirkliche Dauer jener großen Dinge, wenn man sich sagt, daß Deutschland vielleicht nicht eher wieder Kokos und Brotfrucht ernten wird, als bis die heutigen Alpen, Körnchen um Körnchen abgetragen, wieder im Meer liegen. Immer vorausgesetzt, daß die Sache selber stimmt!

Im wesentlichen aber erscheint damit der Kreis der gesamten zurzeit gangbarsten Eiszeittheorien erfüllt, wir brauchen kein Ignorabimus (ewiges Nichtwissenkönnen) auszusprechen – es ist schon philosophisch faul, geschweige denn rein naturgeschichtlich –, um doch zu empfinden, daß Paris den Schönheitsapfel der Wahrheit noch an keine mit ganz gutem Gewissen vergeben kann.

Es gibt Leute, die den Wert der Wissenschaft davon abhängen lassen, ob sie schon alles gelöst habe, so daß jeder, der nur ein Buch zur Hand nimmt, in nervöser Blasiertheit mit allem fertig sein kann. Sie haben nie den eigentlichen Reiz und Zauber kennengelernt, der in der *Wahrheitssuche* liegt, – in dem Anteil an jenem ungeheuren unvollendeten Netz, an dem schon so viele Forschergeschlechter vor dir gewebt haben und noch so unzählige nach dir weben werden, und an dem du heute auch in Gedanken mitweben darfst, eben so deine Person in die Arbeit der Jahrtausende mit ihrer wahren Geistesunsterblichkeit verflechtend. Andere wünschen jene Erfüllung, weil sie von den Ergebnissen der Forschung unmittelbare praktische Macht erwarten, neue Beherrschung der Naturkräfte zum größtmöglichen Nutzen bereits des Augenblicks. Auch zu diesen letzteren Problemen gehört aber die Eiszeit nicht, sie kann warten.

Blicken wir noch einmal auf Goethes Tage zurück, von denen wir ausgingen, so wird klar, wie jung die ganze Wissenschaft der Geologie in unserm heutigen Sinne noch ist, in der auch sie als eine einzelne, wenn auch überaus anziehende Frage hängt. Goethe, mit den größten Forschern seiner Zeit befreundet, erlebte in reifen Jahren noch den ersten tastenden, oft fehlgehenden Versuch, jene geologischen Schichten und Epochen, von denen wir jetzt im Verlauf so oft gesprochen: Jura, Kreide, Tertiär, Diluvium, notdürftig voneinander zu sondern und an gewissen Versteinerungen (Leitfossilien) wiederzuerkennen. Im Alter half er tätig mit bei der ersten Farbengebung einer geologischen Karte von Deutschland, er nahm lebhaftesten Anteil an der frühesten wirklich wissenschaftlichen Wiederherstellung eines ausgestorbenen Tieres, wie des Pterodaktylus oder des Megatherium. Er kämpfte noch mit, ob der Basalt ein feuriger Vulkanerguß oder ein Wassergebilde sei und ob diese Vulkane selbst bloß aus zufällig in Brand geratenen Kohlenflözen beruhen könnten. Im gleichen Jahr, da »Werthers Leiden« geschrieben wurden, stellte Kapitän Cook zum erstenmal fest, daß auch der Südpol (bei dem man in Dantes Tagen noch den Eingang zur Hölle gesucht hatte) unter ewigem Eise lag gleich dem Pol des Nordens.

Es ist eine ungeheure Arbeit, die in diesen Dingen seither getan ist, man kann nicht noch mehr verlangen. Auch das Menschheitsgehirn hat ein gewisses geologisches Maß im kleinen, das seine Bäche und Bahnen erst in einer gewissen Zeit tieft, seine Geisteskörnchen eins ums andere zu Quadern häuft. Zu den noch nicht hundert Jahren seit Goethes Tod sind nach unsäglichen Mühen, Opfern und Entsagungen die beiden Polpunkte ganz oder doch ungefähr errungen worden. Auch das Problem der Eiszeit hat etwas von solcher geistigen Polarfahrt. Der Sucher darf sich nicht abschrecken lassen, wenn er selber zunächst noch einfriert, nicht von der Stelle kommt oder von loser Scholle ganz wo anders hingetragen wird, als er wollte.

Über tredition

Eigenes Buch veröffentlichen

tredition wurde 2006 in Hamburg gegründet und hat seither mehrere tausend Buchtitel veröffentlicht. Autoren veröffentlichen in wenigen leichten Schritten gedruckte Bücher, e-Books und audio-Books. tredition hat das Ziel, die beste und fairste Veröffentlichungsmöglichkeit für Autoren zu bieten.

tredition wurde mit der Erkenntnis gegründet, dass nur etwa jedes 200. bei Verlagen eingereichte Manuskript veröffentlicht wird. Dabei hat jedes Buch seinen Markt, also seine Leser. tredition sorgt dafür, dass für jedes Buch die Leserschaft auch erreicht wird.

Im einzigartigen Literatur-Netzwerk von tredition bieten zahlreiche Literatur-Partner (das sind Lektoren, Übersetzer, Hörbuchsprecher und Illustratoren) ihre Dienstleistung an, um Manuskripte zu verbessern oder die Vielfalt zu erhöhen. Autoren vereinbaren direkt mit den Literatur-Partnern die Konditionen ihrer Zusammenarbeit und partizipieren gemeinsam am Erfolg des Buches.

Das gesamte Verlagsprogramm von tredition ist bei allen stationären Buchhandlungen und Online-Buchhändlern wie z. B. Amazon erhältlich. e-Books stehen bei den führenden Online-Portalen (z. B. iBookstore von Apple oder Kindle von Amazon) zum Verkauf.

Einfach leicht ein Buch veröffentlichen: **www.tredition.de**

Eigene Buchreihe oder eigenen Verlag gründen

Seit 2009 bietet tredition sein Verlagskonzept auch als sogenanntes "White-Label" an. Das bedeutet, dass andere Unternehmen, Institutionen und Personen risikofrei und unkompliziert selbst zum Herausgeber von Büchern und Buchreihen unter eigener Marke werden können. tredition übernimmt dabei das komplette Herstellungs- und Distributionsrisiko.

Zahlreiche Zeitschriften-, Zeitungs- und Buchverlage, Universitäten, Forschungseinrichtungen u.v.m. nutzen diese Dienstleistung von tredition, um unter eigener Marke ohne Risiko Bücher zu verlegen.

Alle Informationen im Internet: **www.tredition.de/fuer-verlage**

tredition wurde mit mehreren Innovationspreisen ausgezeichnet, u. a. mit dem Webfuture Award und dem Innovationspreis der Buch Digitale.

tredition ist Mitglied im Börsenverein des Deutschen Buchhandels.

Dieses Werk elektronisch lesen

Dieses Werk ist Teil der Gutenberg-DE Edition DVD. Diese enthält das komplette Archiv des Projekt Gutenberg-DE. Die DVD ist im Internet erhältlich auf **http://gutenbergshop.abc.de**